Super M

Mathematik für alle

4

Herausgegeben von
Klaus Heinze
Gudrun Hütten
Ursula Manten

Erarbeitet von
Heidi Dietz
Bettina Egbers
Matthia Gratzki
Klaus Heinze

Bearbeitet von
Marion Müller
Antje Pennewitz
Kerstin Silz
Carmen Sobek

Illustrationen von
Eve Jacob
Dorothee Mahnkopf
Martina Leykamm

Cornelsen

Das war ...

Zahlen bis 1000

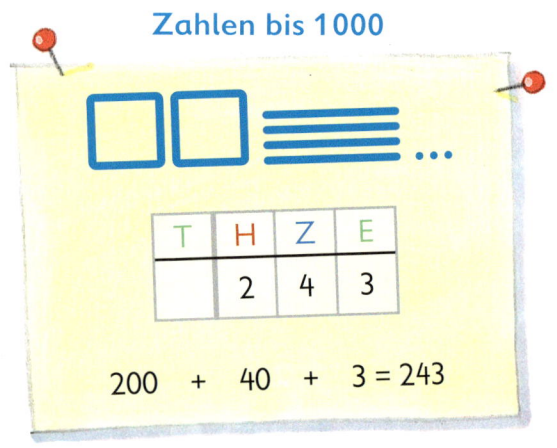

T	H	Z	E
	2	4	3

200 + 40 + 3 = 243

Schriftliches Rechnen

So oder so bei der Subtraktion.

Längen

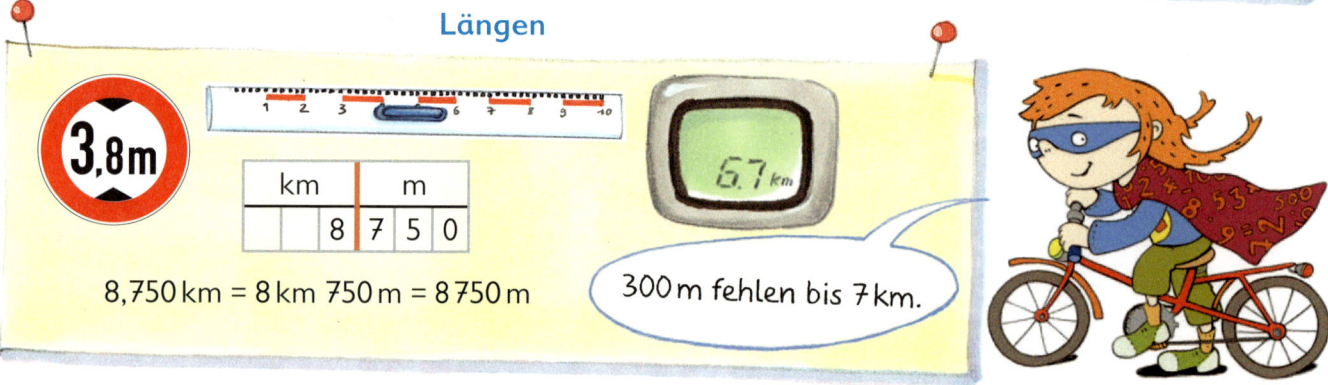

8,750 km = 8 km 750 m = 8 750 m

300 m fehlen bis 7 km.

Halbschriftliches Rechnen

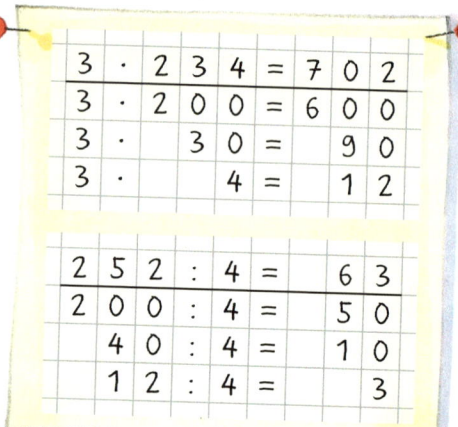

Symmetrie

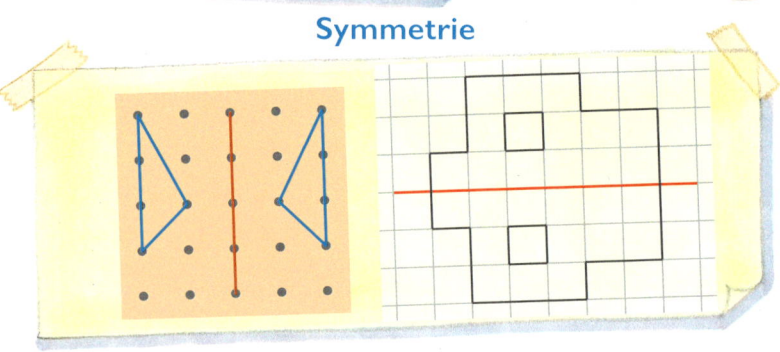

Körpernetze

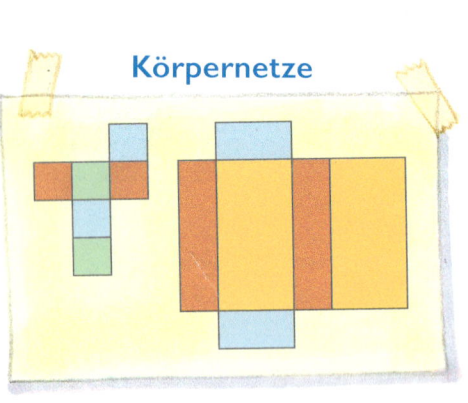

Masse/Gewicht

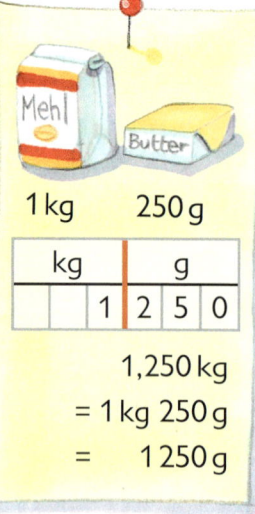

Rauminhalt

250 ml   1 l   10 l

Würfelkörper

Zahlenraum bis 1000; Schriftliche Addition und Subtraktion; Halbschriftliche Multiplikation und Division; Größen: Längen, Masse, Volumen; Symmetrie, Würfelkörper und Baupläne

E ▶ 2   AH ▶ 3   A ▶ 2

Zahlen bis 1 000 000

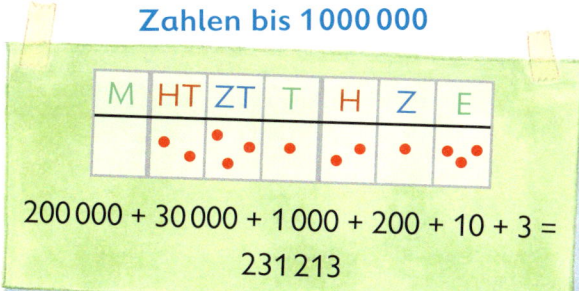

$$200\,000 + 30\,000 + 1\,000 + 200 + 10 + 3 = 231\,213$$

Schriftliche Multiplikation

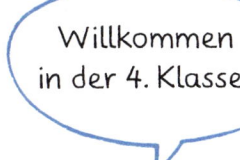

Willkommen in der 4. Klasse!

Schriftliche Division

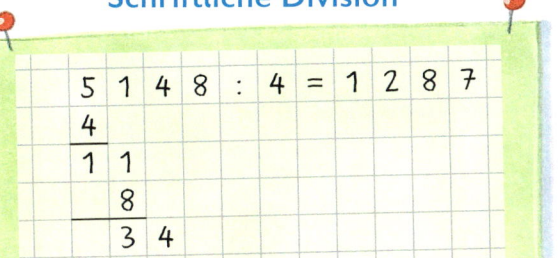

Masse/Gewicht

ungefähr 1 t

1,085 t =
1 085 kg =
1 t 85 kg

Körpernetze

Schrägbilder

Flächenmaße

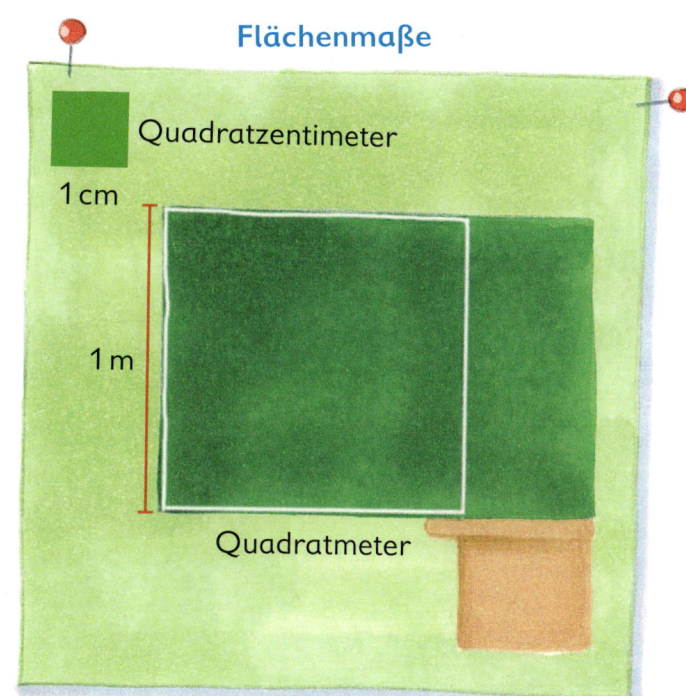

Quadratzentimeter

1 cm

1 m

Quadratmeter

Rauminhalt

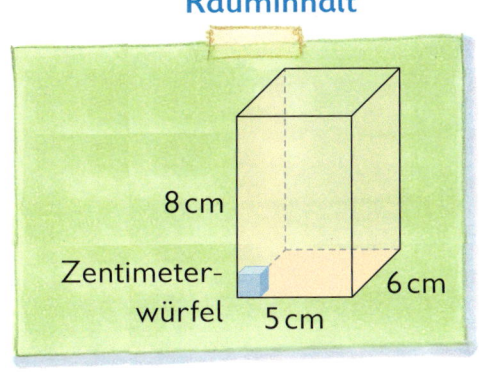

8 cm

Zentimeter-würfel

5 cm

6 cm

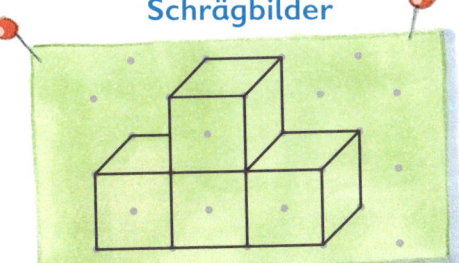

Zahlenraum bis 1 Million; Schreibweisen bei Massen; Schriftliche Multiplikation und Division;
Symmetrie; Flächeninhalt; Körper, Netze; Geodreieck

E ▶ 2   AH ▶ 3   A ▶ 2

Addition und Subtraktion

1 Rechne im Kopf.

a)	b)	c)	d)	e)	f)
4 + 3	9 − 5	40 + 50	80 − 30	80 + 50	120 − 40
40 + 30	90 − 50	140 + 50	180 − 30	380 + 50	420 − 40
400 + 300	900 − 500	240 + 50	280 − 30	580 + 50	620 − 40

g Schreibe eigene Päckchen wie oben.

2 Wie geht es weiter? Wie heißt die Regel?

a) 325, 350, 375, … 525   Regel: immer + ___

b) 123, 173, 223, … 523   Regel: ___

c) 876, 856, 836, … 716   Regel: ___

d) 1 000, 850, 700, … 100   Regel: ___

e 942, 902, 922, 882, 902, … 822   Regel: ___

f 136, 196, 181, 241, 226, … 361   Regel: ___

3 a)

100	
35	
	86
24	
	47
68	
	55
99	

b)

1 000	
350	
	860
240	
	470
680	
	550
990	

4 In Tabellen rechnen

a)

+	30	200	60	400
40				
400				
50				
500				

b)

−	20	200	50	500
780				
980				
850				
640				

Zeichne die Tabellen ab und fülle sie aus.

5 Schreibe die Rechenwege von Maria und Max vollständig auf und berechne die Ergebnisse.

456 + 38

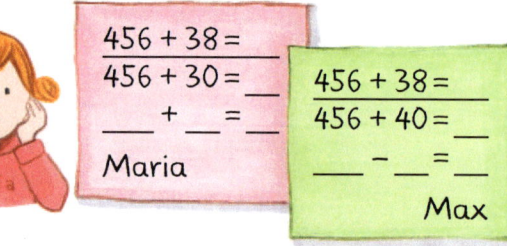

456 + 38 = ___
456 + 30 = ___
___ + ___ = ___

Maria

456 + 38 = ___
456 + 40 = ___
___ − ___ = ___

Max

875 − 59

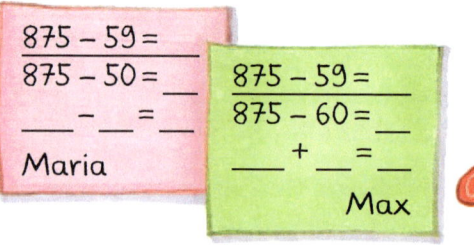

875 − 59 = ___
875 − 50 = ___
___ − ___ = ___

Maria

875 − 59 = ___
875 − 60 = ___
___ + ___ = ___

Max

6 Rechne mit deinem Rechenweg.

a)	b)	c)
347 + 26	674 − 46	524 + 38
419 + 78	594 − 69	782 − 65
236 + 49	382 − 28	288 + 64
399 + 57	799 − 32	819 − 46

285 352 354 373 396 456 497 525 562 628 717 773 767

7 <, > oder = ?

271 + 29 ⚪ 290
634 + 57 ⚪ 800
904 − 98 ⚪ 850
853 − 54 ⚪ 799

4

8 Schriftliche Addition

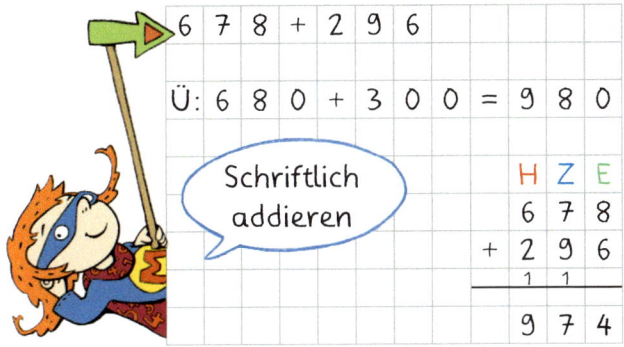

```
6 7 8 + 2 9 6

Ü: 6 8 0 + 3 0 0 = 9 8 0

        H  Z  E
        6  7  8
     +  2  9  6
        1  1
        9  7  4
```

Schreibe stellengerecht untereinander und rechne. Mache zuerst einen Überschlag.

a) 417 + 269
   570 + 274
   843 + 89

b) 60 + 398
   386 + 497
   499 + 49

c) 175 + 487 + 45
   317 + 48 + 209
   678 + 95 + 37

d) 22 + 306 + 128
   451 + 237 + 9
   264 + 58 + 607

9 Schriftliche Subtraktion

Rechne schriftlich.
Mache zuerst einen Überschlag.

a) 912 – 648
   754 – 269
   603 – 448
   840 – 375
   521 – 236
   462 – 317

b) 837 – 198
   561 – 79
   927 – 48
   634 – 86
   719 – 67
   1000 – 444

Ergänzen oder abziehen? Rechne mit deinem Weg.

```
7 8 3 – 3 5 8

Ü: 7 8 0 – 3 6 0 = 4 2 0

   H  Z  E          H  Z  E
                          7  10
   7  8  3          7  8̶  3
 – 3  5  8        – 3  5  8
         1
   4  2  5          4  2  5
```

10 Überprüfe die Aufgaben. Welche Fehler wurden gemacht? Rechne die Aufgaben richtig in deinem Heft.

a) 367
   +248
   ─────
    505

b) 862
    –74
   ─────
    122

c) 428
   +396
    1 1
   ─────
    825

d) 903
   –457
      1
   ─────
    546

e) 184
   +438
    1 1
   ─────
    722

```
S. 5,  Nr.  9

a)  Fehler:  A

      3 6 7
    + 2 4 8
      1 1
      6 1 5  ✓
```

A Übertrag vergessen   **B** falsch untereinandergeschrieben   **C** Fehler beim Addieren/Subtrahieren

11 Ergänze die fehlenden Ziffern so, dass die Rechnung stimmt.

a) □□□
   –247
   ─────
    658

b) □□□
   +357
   ─────
    829

c) 1□8
   +□3□
   ─────
    950

d) 9□5
   –43□
   ─────
    □43

e) 777
   –□□□
   ─────
    395

M Ergänze auch die Überträge.

12 Schreibe und rechne nur Aufgaben, deren Ergebnis zwischen 500 und 600 liegt.

a) 419 376 513 274   +   86 309 179 268

b) 926 764 816 873   –   408 314 387 219

9 Ergänzungs- oder Abziehverfahren nutzen; **10** Aufgaben auf häufige Fehler überprüfen, Fehler berichtigen;
12 Mit Hilfe des Überschlags passende Aufgaben finden, schriftlich das genaue Ergebnis berechnen

E ▶ 3   AH ▶ 4   A ▶ 3

5

Multiplikation

① Mit Zehnerzahlen multiplizieren

a) 3 · 50
6 · 50
9 · 50

b) 8 · 70
4 · 70
2 · 70

c) 10 · 60
9 · 60
8 · 60

d) Was fällt dir bei den Päckchen auf? Schreibe ähnliche Päckchen mit Zehnerzahlen!

② Rechne geschickt.

a) 3 · 5 · 8
7 · 5 · 4
5 · 9 · 4
5 · 5 · 8

b) 6 · 7 · 5
9 · 2 · 5
7 · 8 · 5
6 · 9 · 5

c) 6 · 5 · 8
7 · 2 · 5
5 · 4 · 9
9 · 8 · 5

③ Rechenwege bei der Multiplikation

$$7 \cdot 56 \qquad 7 \cdot 69 \qquad 9 \cdot 15 \qquad 216 \cdot 3$$

Halbschriftlich

7 · 56 =
7 · 50 = _
_ · _ = _

Geschickt rechnen

7 · 69 =
7 · 70 = _
_ – _ = _

9 · 15 =
10 · 15 = _
_ – _ = _

Schriftlich

2	1	6	·	3
				8

Schreibe die Rechnungen vollständig auf und bestimme die Ergebnisse.

④ Überschlage zuerst. Rechne dann schriftlich.

S. 6, Nr. 4

a) Ü: 3 0 0 · 3 = 9 0 0
            2 9 3 · 3
                  8 7 9

a) 293 · 3
481 · 2
175 · 4
108 · 6

b) 243 · 4
119 · 8
208 · 3
124 · 5

c) 297 · 2
145 · 6
208 · 3
215 · 4

Der Überschlag hilft, Rechenfehler zu erkennen! Kontrolliere auch die Endstelle der Ergebniszahl.

⑤ Preistabellen

a)

Jacken	1	2	4	8	10
Preis	35 €				

b)

Hosen	1	2	4	5	20
Preis		40 €			

⑥ Multiplizieren in Tabellen

·	24	36	48
2			
4			
8			
7			

·	134	218
2		
3		
4		
5		

⑦ Finde und rechne Malaufgaben …

 3  5  75 126 53
 9 35 89 214

a) … mit einem Ergebnis kleiner als 300.

b) … mit einem Ergebnis größer als 500.

c) … mit einem Ergebnis größer als 100 und kleiner als 200.

6

Division

① Division durch einstellige Zahlen

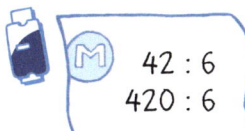

42 : 6
420 : 6

a) 420 : 6 **b)** 560 : 8
360 : 4   240 : 6
210 : 3   350 : 5
630 : 7   720 : 9

② Division durch Zehnerzahlen

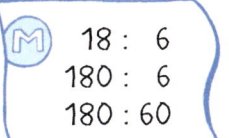

18 : 6
180 : 6
180 : 60

a) 180 : 60 **b)** 120 : 40
630 : 90   320 : 80
480 : 80   490 : 70
360 : 40   810 : 90

③

a)

:	4	40	2	20
80				
120				
200				

b)

:	3	30		
180				
270				
90				

Welche Zahlen passen?

④ Rechenwege bei der Division

264 : 8

Halbschriftlich
264 : 8 = ___
240 : 8 = ___
___ : 8 = ___

276 : 4

Geschickt rechnen
276 : 4 = ___
280 : 4 = ___
___ − 1 = ___

147 : 7

Im Kopf
147 : 7 = ___

140 : 7 =

Schreibe die Rechnungen vollständig auf und bestimme die Ergebnisse.

⑤ Rechne mit deinem Rechenweg.

a) 356 : 4   **b)** 175 : 5   **c)** 355 : 5   **d)** 252 : 6   **e)** 819 : 9   **f)** 192 : 8
  414 : 6   477 : 9   728 : 8   364 : 7   237 : 3   322 : 7

24   28   35   42   46   52   53   69   71   79   89   91   91

⑥ Division mit Rest. **Tipp:** Eine Aufgabe hat keinen Rest.

S. 7, Nr. 6

a) 100 : 6 = 16 R 4
   60 : 6 = 10
   40 : 6 = 6 R 4

a) 100 : 6   **b)** 100 : 9   **c)** 130 : 8   **d)** 140 : 6
  200 : 6   200 : 9   260 : 8   280 : 6
  400 : 6   400 : 9   520 : 8   520 : 6

⑦ Notiere die passende Rechnung und rechne aus.

a) 276 Brötchen werden in Tüten zu je 6 Stück verpackt.

b) 280 Kinder bilden Fünfergruppen.

c) Der vierte Teil von 300 ist …

d) 68 ist der vierte Teil von …

e) Der dritte Teil von 255 ist …

1, 2 Divisionsaufgaben mit Hilfe von Analogie-Aufgaben lösen; **3 b)** gemeinsame Teiler von 180, 270 und 90 einsetzen;
5, 6 Wege halbschriftlicher Division nachvollziehen bzw. anwenden

E▶4   AH▶5   A▶4

7

Rechnen braucht Regeln

① Erinnerst du dich an die Punkt-vor-Strich-Regel?

a) Welches Ergebnis stimmt? Alis oder Leas?

b) Rechne selbst.

$$10 + 15 \cdot 3 \qquad 100 - 100 : 10 \qquad 999 : 3 + 17$$
$$98 - 8 \cdot 8 \qquad 45 + 150 : 30 \qquad 11 \cdot 3 - 33$$

> $35 + 5 \cdot 80 = 3200$
> Lea

> $35 + 5 \cdot 80 = 435$
> Ali

> Punktrechnung · und :
> geht vor
> Strichrechnung + und −.

② Ein Bäcker verpackt bestellte Brötchen in Tüten. Er packt 4 Tüten mit je 3 Weizenbrötchen und 2 Roggenbrötchen. Wie viele Brötchen sind das insgesamt?

> 4-mal 3+2 Brötchen. Insgesamt 20.

> So stimmt die Rechnung nicht. Punkt-vor-Strich-Regel!

> Wir brauchen eine neue Regel!

> Manchmal soll eine Plus- oder Minusaufgabe zuerst gerechnet werden.

> Rechnungen, die in einer Klammer stehen, müssen zuerst ausgerechnet werden. Danach gilt die Punkt-vor-Strich-Regel.

> So ist es richtig!

$$4 \cdot (3 + 2) =$$
$$4 \cdot 5 = 20$$

Die Beachtung der Klammern ist wichtig. Beschreibe.

③ Wende die Rechenregeln an.

a) $4 \cdot 5 + 25$
$4 \cdot (5 + 25)$

b) $36 + 4 \cdot 5$
$(36 + 4) \cdot 5$

c) $120 : 40 + 20$
$120 : (40 + 20)$

d) $360 : 4 + 16$
$360 : (4 + 16)$

e) $240 - 12 : 2$
$(240 - 12) : 2$

f) $631 + 9 : 3 + 17$
$(631 + 9) : (3 + 17)$

g) $7 \cdot 8 - 4 \cdot 9$
$7 \cdot (8 - 4) \cdot 9$

h) $15 + 10 \cdot 7 - 4$
$(15 + 10) \cdot (7 - 4)$

④ Schreibe passende Aufgaben.

a) Drei Beutel mit sieben Brötchen und vier Beutel mit acht Brötchen liegen im Regal.

b) Ein Laden bekommt 370 Eier geliefert. Zehn zerbrechen. Die restlichen Eier werden in 6er-Kartons verpackt.

c) Vier 12er-Kartons und drei 9er-Kartons mit Schokoküssen werden verkauft.

d) Im Lager stehen zwei Kartons mit Tischtennisbällen. In einem Karton sind 240 Bälle, im anderen 400. Die Bälle werden in Dosen zu je vier Bällen verpackt.

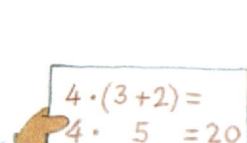

S. 8 , Nr. 4						
a)	3	· 7	+ 4	· 8	=	
		2 1	+	3 2	= 5 3	

8

1 Zahlen bilden

Ich würde mit der kleinsten oder größten Zahl beginnen.

a) Du hast 5 Plättchen. Welche Zahlen größer als 100 kannst du damit legen? Wie viele verschiedene Zahlen gibt es?

b) Welche Zahlen größer als 100 lassen sich mit 6 Plättchen legen? Wie viele verschiedene gibt es?

2 Addition in Zahlenquadraten

Im Quadrat sollen die Zahlen von 1 bis 9 je einmal vorkommen. Sie werden waagerecht und senkrecht addiert. Am Pfeil steht die Summe der jeweiligen Zeile oder Spalte.

Berechne auch die Summe aller Summen der Reihen und aller Summen der Spalten.

a)

9			→ 16
		7	→ 13
	5		→ 16

↓ ↓ ↓
16 8 21

b)

1			→ 10
	3		→ 11
		7	→ 24

↓ ↓ ↓
11 16 18

3 Verschlüsselte Zahlenquadrate

Auch in dieses Quadrat sollen Zahlen eingesetzt werden. Sie werden waagerecht und senkrecht addiert. Am Pfeil steht die Summe der jeweiligen Zeile oder Spalte.

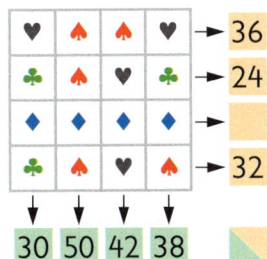

Jedes Symbol steht für eine Zahl.
Gleiche Symbole bedeuten gleiche Zahlen.
Wieder werden in jeder Zeile und in jeder Spalte die Zahlen addiert.

a) Wie heißt die Summe in der dritten Zeile?

b) Finde für jedes Symbol die passende Zahl.

4 Magische Quadrate – Besondere Zahlenquadrate

Mit den Zahlen 4, 8, 12, 16, 20, 24, 28, 32 und 36 kannst du magische Quadrate bilden. Waagerecht, senkrecht und diagonal ergibt sich als Summe immer die gleiche magische Zahl.

8	36	16
28	20	12
24	4	32

16	36	8
12	20	28
32	4	24

a) Welches sind die magischen Zahlen der beiden Quadrate?

b) Vergleiche die beiden magischen Quadrate. Was fällt dir auf?

c) Bilde weitere magische Quadrate mit diesen Zahlen. Wie viele findest du? Wie gehst du vor?

Längen

① Millimeter, Zentimeter, Meter oder Kilometer?

14 __

Schotten ↑
6 __
Wilster

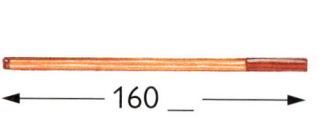

160 __

21 __

1 Kilometer = 1000 Meter	1 Meter = 100 Zentimeter	1 Zentimeter = 10 Millimeter
1 km = 1000 m	1 m = 100 cm	1 cm = 10 mm

② Jan hat mit dem Bandmaß eine Strecke von 10 m abgemessen. Er braucht für die Strecke 20 Schritte.

a) Wie weit kommt er mit einem Schritt?

b) Wie viele Schritte braucht er für 100 m (1 km)?

c) Das Bandmaß hat eine Länge von 50 m. Wie oft müsste man es aneinanderlegen, um einen Kilometer zu messen?

Eine Tabelle hilft.

SCHRITTE	LÄNGE
20	10 m
2	
1	

③ Welche Längenangaben sind gleich?

3 m 5 cm $\frac{1}{2}$ km   7 m   500 m

350 cm   7 cm   70 mm

3 m 50 cm   305 cm   700 cm

④ Schreibe in cm, in m und cm sowie in m.

a) 215 cm   b) 608 cm   c) 310 cm

d) 75 cm   e) 7 m 25 cm   f) 6,80 m

S.1 0 ,		Nr.	4						
						2 1 5	cm	=	
a)	m		cm		2 m 1 5	cm	=	
		2 1 5			2,1 5	m		

⑤ Länger, kürzer, gleich lang? Schätze und miss nach.

a
b

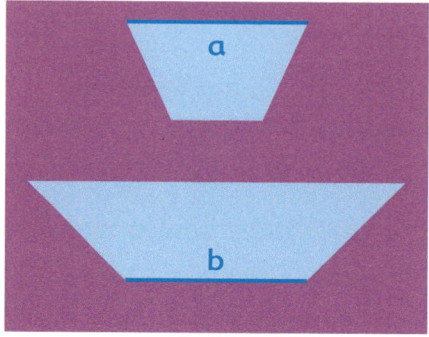

a

b

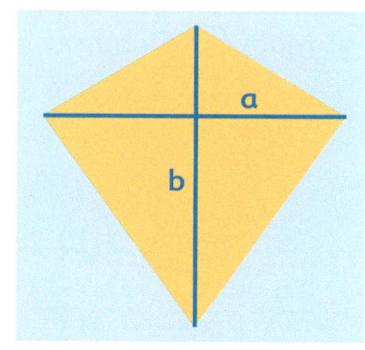

a

b

Notiere immer beide Uhrzeiten.

a)    b)    c)    d) 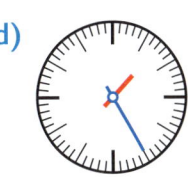   e)

② Schreibe für jede Uhrzeit aus Aufgabe ① auf, wie viel Zeit bis zur nächsten vollen Stunde vergeht.

```
S. 1 1 ,  Nr.  2
a)  1 2.1 5 Uhr  +———min———→ 1 3 Uhr
```

③ Wie viel Uhr ist es? Wie viel Zeit vergeht bis zur nächsten vollen Minute?

a)    b)    c)    d)    e)

④ Mit dem Zug von Rostock nach Dresden

Zug	Bahnhof	Ankunft	Abfahrt
RE 33107	Rostock		10:34
	Berlin-Gesundbrunnen	13:10	
EC 379	Berlin-Gesundbrunnen		14:16
	Dresden	16:52	

a) Wie lang ist der Aufenthalt in Berlin-Gesundbrunnen?

b) Wie lang ist die Fahrtdauer für den Regionalexpress und den Eurocity?

c) Wie lange dauert die Fahrt mit Umsteigen?

⑤ Kindersendungen

a) Welche Sendungen dauern länger als eine Stunde?

b) Welche Sendungen sind kürzer als eine viertel Stunde?

c) Wie viele Minuten dauert die längste Sendung?

Lila – Kanal

14.15 FILM ❾ Der geheimnisvolle **Zauberspiegel** Animation, F/Sp/Kan 2004	18.50 ❸ Gute-Nacht-Geschichten **TRICKSERIE**
15.35 ❻ Wer hat Angst vor Leo Löwe? Zeichentrick, D/GB 2002	
16.00 ❻ Pusteblume	
16.25 ❽ International Geographic	
16.50 ❽ Hexe Luna	19.00 ❻ Nickie und die starken Kerle Bei den Dinosauriern
17.55 ❹ Tüta, das Feuerwehrauto	
18.40 ❻ Die Eisprinzessin Ballerina Trickserie	19.25 ❽ News for Kids Nachrichten vom Tag in 10 Minuten

⑥ Wie viele Minuten sehen die Kinder fern?

a) Ali schaut *Pusteblume* und *Hexe Luna*.

b) Lea schaut *International Geographic* und *Nickie und die starken Kerle*.

c) Naomi schaut *Die Eisprinzessin* und *News for Kids*.

d) Du darfst am Tag eine Stunde fernsehen. Was suchst du dir aus?

Gewicht und Rauminhalt

1 Ordne die Gewichtsangaben richtig zu.

| 150 g | 5 g | $\frac{1}{4}$ kg | 30 kg | 5 kg | 700 kg | 1 kg |

2

500 g 200 g 100 g 100 g

1 g 2 g 2 g 5 g 10 g 10 g 20 g 50 g

a) Welches Gewicht kannst du höchstens mit diesen Gewichtsstücken wiegen?

b) Mit welchen Gewichtsstücken kannst du diese Gewichte wiegen?
Benutze immer möglichst wenige Stücke.
235 g, 579 g, 710 g, 888 g, 196 g, 364 g

S. 1 2 ,	Nr.	2								
b)	2 3 5 g = 2 0 0 g + 2 0 g + 1 0 g + 5 g									

c) Kannst du jedes Gewicht von 1 g bis 1 kg mit den Gewichtsstücken aus dem Wiegesatz erreichen? Überlege und begründe.

3 a) Wie viele wiegen 1 kg?
Klebestift (100 g), Apfel (200 g), Nagel (10 g), Zitrone (100 g), Blatt Papier (5 g), Gummibärchen (2 g)

b) Wie viele wiegen ungefähr 1 kg?
Tomate (190 g), Kiwi (90 g), Erdbeere (15 g), Möhre (150 g), Kirsche (8 g)

1 Kilogramm = 1000 Gramm
1 kg = 1000 g

S. 1 2 ,	Nr.	3
a)	1 0 Klebestifte	

4 Ergänze zu 1 kg.
a) 270 g, 350 g, 980 g, 205 g, $\frac{1}{2}$ kg, 80 g, 23 g, 6 g
b) 150 g, 550 g, 705 g, $\frac{1}{4}$ kg, 20 g, 910 g, 14 g, 2 g

S. 1 2 ,	Nr.	4	
a)	2 7 0 g + 7 3 0 g = 1 kg		

5 Aus einem undichten Wasserhahn tropfen in einer Minute ungefähr 8 ml Wasser.

a) Nach welcher Zeit ist ungefähr 1 Liter getropft?

b) Wie viel Wasser tropft an einem Tag?

c) Wie viel ist es ungefähr in einem Monat?

1 Liter = 1000 Milliliter
1 l = 1000 ml

S. 1 2 ,	Nr.	5		
a)	Zeit (min)	1	1 0	...
	Menge (ml)	8	8 0	...

12

Einfache Sachrechenaufgaben

① Die Grundschule Nordwest aus Magdeburg fährt für 4 Tage in den Harz.

Für den Aufenthalt in der Jugendherberge müssen pro Kind 87 Euro bezahlt werden.

Du kannst zum Rechnen eine Tabelle benutzen.

1 Kind	2 Kinder	5 Kinder	10 Kinder	20 Kinder
87 Euro				

② In der Jugendherberge in Thale werden verschiedene Zimmer für die Schüler reserviert.

	4-Bettzimmer	6-Bettzimmer	7-Bettzimmer
Mädchen	4	7	3
Jungen	3	13	1

Alle Betten sind belegt. Wie viele Schüler fahren mit?

a) Notiere eine passende Gleichung und rechne!
Begründe deine Auswahl!

A $4 \cdot 4 + 3 \cdot 4 + 7 \cdot 6 + 13 \cdot 6 + 3 \cdot 7 + 1 \cdot 7 =$ ___

B $4 + 7 + 3 + 3 + 13 + 1 =$ ___

C $7 \cdot 4 + 20 \cdot 6 + 4 \cdot 7 =$ ___

b) Berechne die Anzahl der Personen, wenn noch 6 Doppelzimmer und 3 Einzelzimmer für Lehrer benötigt werden!

Was weißt du schon?
Was willst du wissen?
Wie findest du das heraus?
Und was weißt du jetzt?

③ Frau Meier zahlt für die 20 Schüler ihrer Klasse folgende Eintrittspreise.

Lehrer haben freien Eintritt.

Hexenbingo	Tierparkrallye	Harzbob	Bauspielhaus
2 Euro	**0,50 Euro**	**3 Euro**	**3 Euro**

Sie bezahlt mit zwei 100 Euro Scheinen. Kann sie mit dem Restgeld für jedes Kind noch ein Eis zu 1,50 Euro kaufen?

Entscheide dich für einen Antwortsatz, notiere und begründe mit der passenden Rechnung!

A Jedes Kind zahlt 7,50 Euro Eintritt.

B Sie kann vom Restgeld noch für jedes Kind ein Eis kaufen.

C Die Kinder zahlen zusammen 150 Euro Eintritt.

D Frau Meier zahlt 30 Euro für das Eis.

④ An einem Tag wandern alle Schüler und Lehrer auf den Hexentanzplatz. Sie kommen dort um 9.45 Uhr an und fahren um 12.30 Uhr mit der Seilbahn wieder nach Thale zurück.

Wie viel Zeit können sie auf dem Berg verbringen? Wähle ein passendes Pfeilbild und rechne!

A 9.45 Uhr $\xrightarrow{+\quad}$ 10.45 Uhr $\xrightarrow{+\quad}$ 12.45 Uhr

B 9.45 Uhr $\xrightarrow{+\quad}$ 10.00 Uhr $\xrightarrow{+\quad}$ 12.30 Uhr

C 9.00 Uhr $\xrightarrow{+\quad}$ 10.00 Uhr $\xrightarrow{+\quad}$ 12.30 Uhr

D 9.45 Uhr $\xrightarrow{+\quad}$ 11.45 Uhr $\xrightarrow{+\quad}$ 12.30 Uhr

Ebene Figuren

① Zeichne immer vier Geraden, die sich nicht schneiden, in einem Punkt, in 2 (3, 4, 5) Punkten schneiden.

Ich finde nicht für jede Aufgabe eine Lösung.

② Welche Geraden sind senkrecht und welche sind parallel zueinander? Prüfe mit dem Geodreieck. Schreibe in dein Heft.

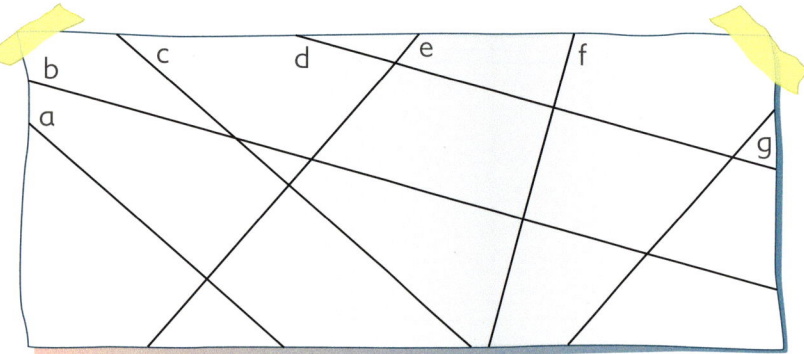

S. 1 4 , Nr. 2	
a ist senkrecht zu e	a ⊥ e
b ist parallel zu d	b ‖ d

③ Zeichne fünf zueinander parallele Strecken. Die erste Strecke ist 3 cm lang. Jede weitere Strecke verlängert sich um 25 mm.

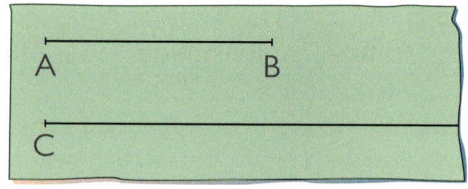

Ebene Figuren unterscheiden sich durch ihre Eigenschaften.

④ Zeichne mit dem Geodreieck.

a) Quadrate mit einer Seitenlänge von
   A 45 mm   B 3 cm   C 6,5 cm   D 8 cm.

b) Rechtecke:

	A	B	C	D	E
Länge	7 cm	6 cm	5 cm	5,5 cm	45 mm
Breite	4 cm	2 cm	5 cm	3,5 cm	25 mm

c) Drei Parallelogramme in verschiedenen Größen

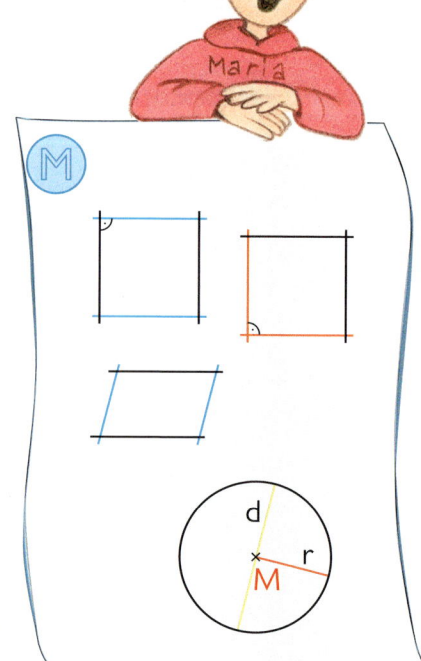

⑤ Zeichne mit dem Zirkel Kreise. Zeichne zuerst den Mittelpunkt.
   A Radius von 4 cm   B Radius von 25 mm
   C Durchmesser von 60 mm   D Durchmesser von 7 cm

⑥ Gestalte ein Blatt mit ebenen Figuren. Zeichne freihand oder mit dem Geodreieck.

14

① Übertrage die Figuren in dein Heft. Zeichne alle Symmetrieachsen rot ein.

a) 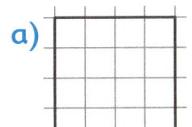 b) 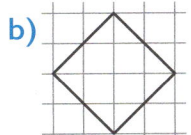 c) 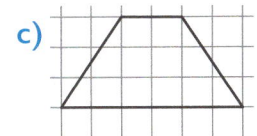 d) 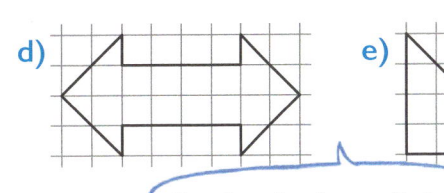 e)

Prüfe mit einem Spiegel.

② Zeichne ab und ergänze symmetrisch.

a) 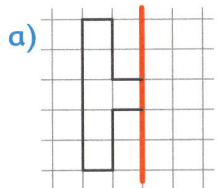 b)  c) 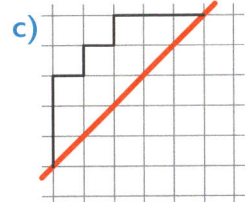 d)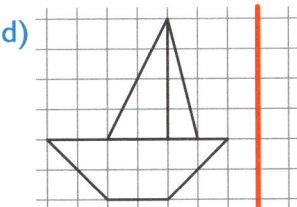

③ a) Wie heißen die Körper?

A 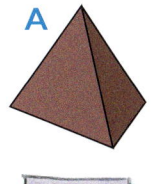 B 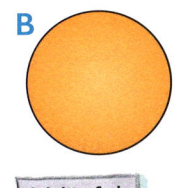 C 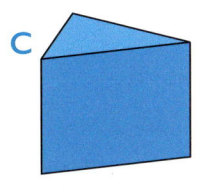 D  E 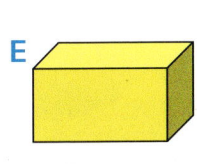 F 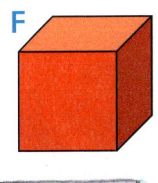 G

| Kegel | Würfel | Quader | Zylinder | Prisma | Pyramide | Kugel |

b) Welcher Körper ist es?

Der Körper hat nur quadratische Flächen.   Paula

Welcher Körper hat nur zwei Kanten?   Tim

Der Körper hat eine kreisförmige Fläche.   Vedat

Der Körper hat vier dreieckige und eine quadratische Fläche.   Eva

c) Schreibe eigene Rätsel zu den Körpern.

④ Körpernetze

a) Welche Körper kannst du aus diesen Netzen bauen?

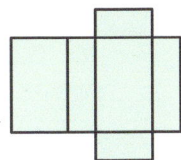 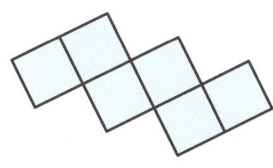

b) Zeichne die Würfelnetze in dein Heft.
Falte in Gedanken Würfel aus ihnen.
Die rote Fläche soll immer unten (u) liegen.
Welche Fläche liegt dann oben (o), links (l),
rechts (r), hinten (h), vorne (v)? Trage ein.

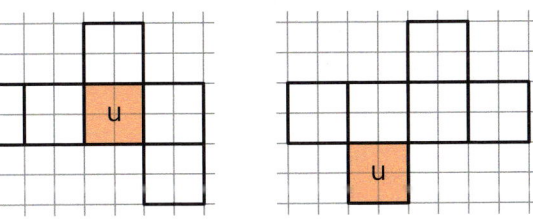

Sachrechnen – Rund um den Zirkus

1 Von April bis Anfang November gibt der Circus Krone in über 30 Orten Deutschlands Vorstellungen. Auf den Reisen werden 60 Pferde, 8 Elefanten, 2 Löwinnen, 10 Löwen und viele andere Tiere transportiert.

Der Futtermeister hat ausgerechnet, dass ein Elefant am Tag Futter für ungefähr 52 € benötigt.

a) Wie viel kostet das Futter für alle Elefanten an einem Tag?

b) Wie hoch sind die Futterkosten für einen Elefanten in der Woche?

Was weißt du schon?
Was willst du wissen?
Wie findest du das heraus?
Und was weißt du jetzt?

2 Jeder Elefant braucht täglich 100 kg Stroh. Bei einer Lieferung werden 40 Strohballen gebracht. Ein Ballen wiegt ungefähr 80 kg.

a) Eine Lieferung von 40 Strohballen kostet den Zirkus 320 €. Wie teuer ist 1 Ballen Stroh?

b) Wie viel kostet 1 kg Stroh?

c) Wie viel kostet das Stroh, das ein Elefant an einem Tag verbraucht?

d) Nach wie vielen Tagen brauchen die Elefanten eine neue Lieferung?

Wie viel Stroh am Tag für alle Elefanten?

3 Täglich müssen die Elefanten gewaschen werden. Daran haben sie viel Freude. Vier Pfleger benötigen täglich 15 Minuten für die Wäsche eines Elefanten.

a) Welche Zeit brauchen vier Pfleger täglich für alle Elefanten? Gib in Stunden und Minuten an.

b) Zwei Pfleger fallen durch Krankheit aus. Wie lange dauert dann die Wäsche eines Elefanten?

④ Von den 60 Pferden fressen 52 täglich 9 kg Heu.
Die restlichen Pferde sind größer und
verbrauchen zusammen täglich 112 kg Heu.

  a) Berechne die tägliche Heumenge für alle
     Pferde.

  b) Wie viel Heu frisst ein großes Pferd täglich?

  c) 100 kg Heu kosten 12 €.
     Wie teuer ist die Heuversorgung für
     alle Pferde an einem Tag?

⑤ Vor den Wagen der Raubtiere werden Außengehege aufgebaut.
Dafür benötigt man 63 m Zaun (------).

Wie lang ist ein Gehege? Die Skizze hilft dir.

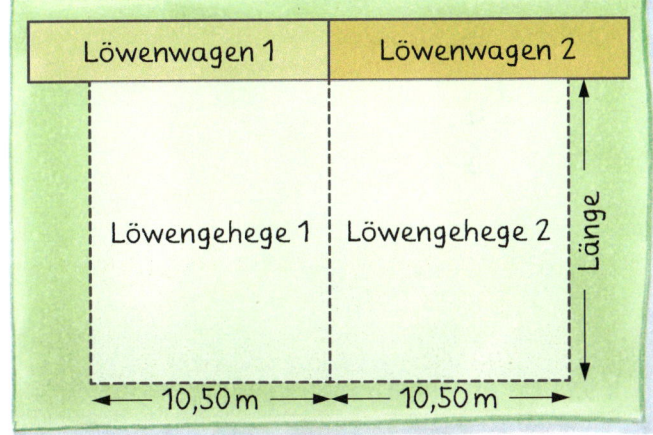

⑥ Eine Vorstellung dauert 165 Minuten.

Wie lange haben Tiere und Artisten
Pause zwischen den Vorstellungen?

Vorstellungszeiten:

Werktags: 15.30 und 20.00 Uhr

Sonn- und Feiertage: 14.00 und 18.00 Uhr

⑦ Für alle Darbietungen werden die Zeiten genau festgehalten.
Dies sind die letzten Nummern vor der Pause. Wie lange dauern sie zusammen?

Chicky's	Clowns	7 min 20 s
Ballett	Elefanten Surreal	1 min 25 s
Jana Mandana	Elefantendressur	7 min 10 s
Jimmy Falco	Clown	2 min 35 s
Ballett	Fiesta in Sevilla	2 min 20 s
Trio Castilla	Hochseilartistik	7 min 30 s
Ballett	Irish Dance	2 min 20 s
Christel Sembach-Krone	Pferde-Freiheitsdressur	12 min 25 s

Sachrechnen – Große Entfernungen

①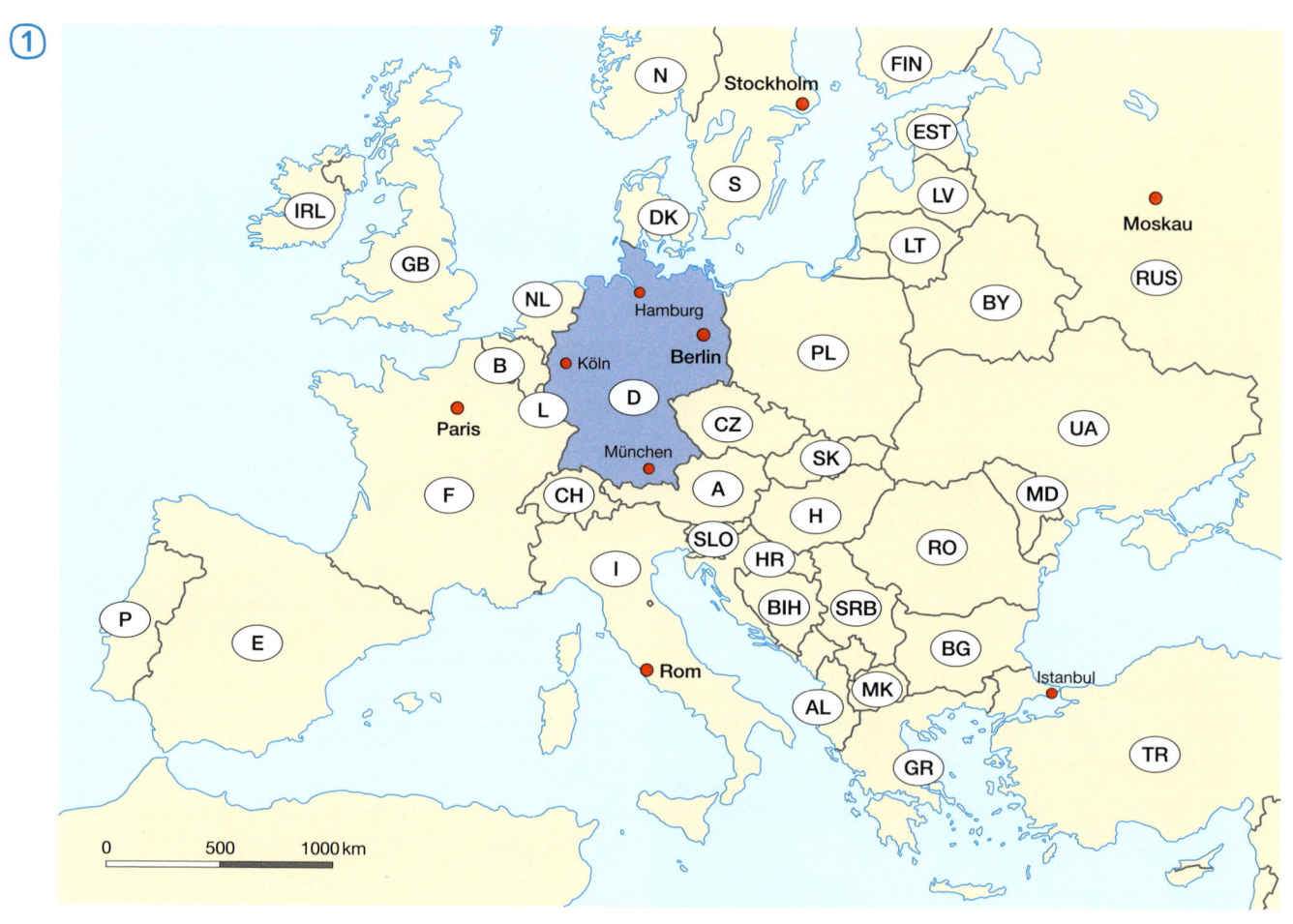

	Istanbul	Rom	Moskau	Stockholm	Paris
Berlin	2 200 km	1 550 km	1 850 km	950 km	1 050 km
Hamburg	2 600 km	1 750 km	2 200 km	950 km	950 km
Köln	2 450 km	1 500 km	2 250 km	1 300 km	500 km
München	1 900 km	1 350 km	2 300 km	1 600 km	850 km

Berechne weitere Entfernungen!

JAN: Unser Urlaubsort war ungefähr 2 000 km entfernt.

Nele: Wir waren in Hamburg. Von dort sind wir nach Paris gefahren.

NAOMI: In den Ferien sind wir von _____ nach _____ gefahren.

Lea: Mit unserem Auto fahren wir im Jahr ungefähr 15 000 km.

Ali: Von Berlin aus sind wir noch zu meiner Oma nach Istanbul gefahren.

② Kennst du die Autokennzeichen der Länder Europas?

Große Zahlen kennen lernen, lesen, vergleichen, von eigenen Erfahrungen mit großen Entfernungen berichten;
1 Auch eigene Strecken berechnen; Arbeit mit der Entfernungstabelle, Entfernungen vergleichen

E▶10 AH▶11 A▶10

③

Map showing flight distances from Frankfurt:
- 9171 km (San Francisco)
- 6205 km (New York)
- 7634 km (Orlando)
- 8079 km (Caracas)
- 2055 km (Moskau)
- 7802 km (Peking)
- 10 313 km (Manila)
- 16 503 km (Sydney)
- 8704 km (Johannisburg)

Alex: Ich habe meine Tante in Orlando besucht. Im Flugzeug wurden Informationen zum Flug angezeigt.

Anna: Wie lange bist du bis Orlando geflogen?

Geschwindigkeit	957 km/h
Höhe	9400 m
Verbleibende Flugstrecke	7241 km
Verbleibende Flugzeit	7:56

Einmal um die Erde: etwa 40 000 km.

a) Wie viele Flugkilometer sind es von Frankfurt nach Orlando (Florida, USA)?

b) Von Frankfurt nach New York sind es 6 205 km. Wie viele Kilometer mehr sind es ungefähr nach San Francisco?

c) Finde weitere Fragen und Antworten.

3 Entfernung der Karte entnehmen, mit angezeigter Flugstrecke vergleichen; weitere Entfernungen ablesen; Vorstellung großer Entfernungen gewinnen

E▶10 AH▶11 A▶10

19

Zahlen bis 10 000

①

	ZT Zehntausender	T Tausender	H Hunderter	Z Zehner	E Einer
		1 T = 10 H 1000	1 H = 10 Z 100	1 Z = 10 E 10	1 E 1

10 Tausender-Würfel = 1 Zehntausender-Stange

1 ZT = 10 T
10 000

Trage in eine Stellentafel ein.
Wie viele kleine Würfel sind es?

a)

b)   c)

d)   e)

eintausenddreihundertzwölf

S.	2	0	,	Nr.	1
		T	H	Z	E
a)		1	3	1	2

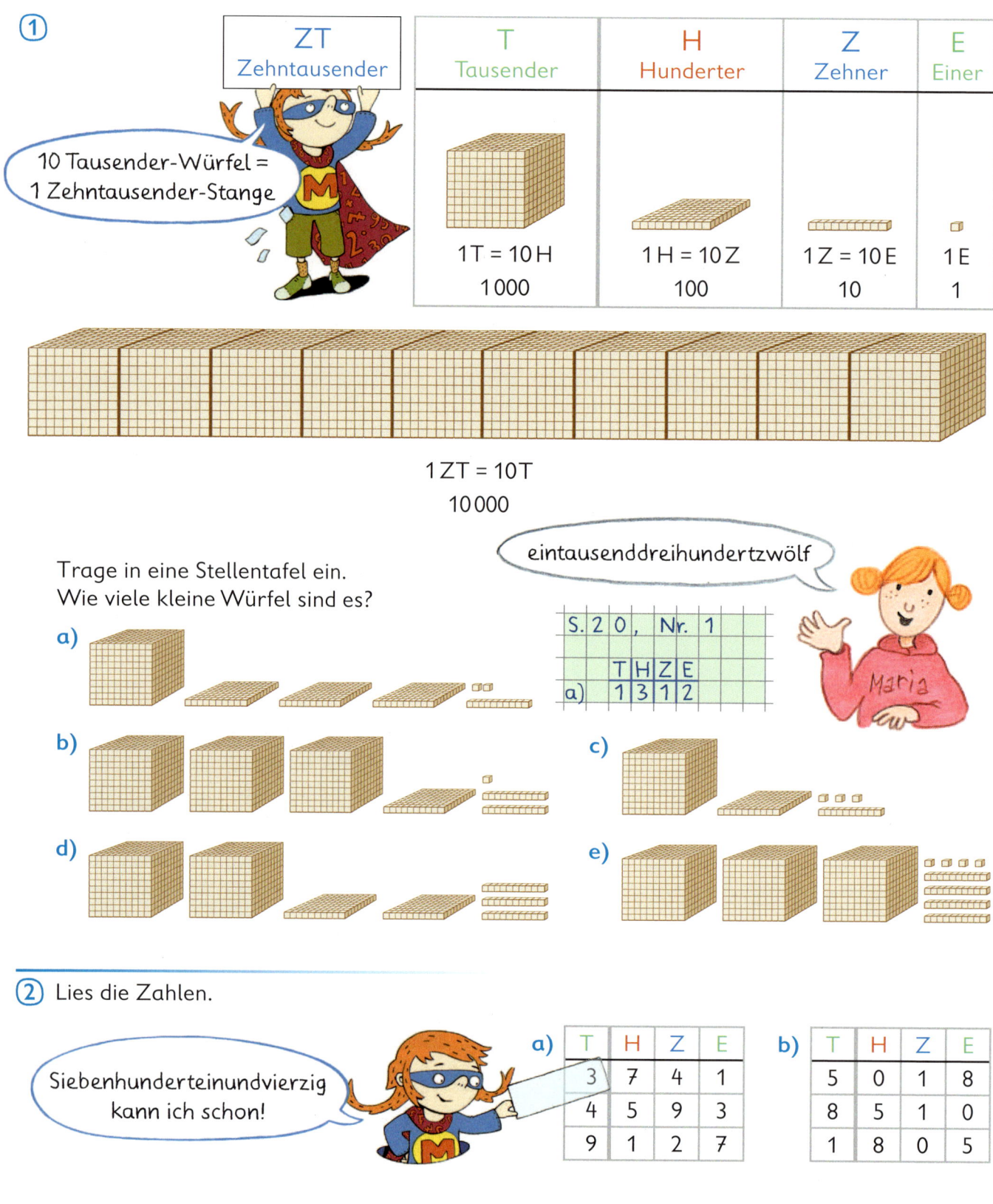

② Lies die Zahlen.

Siebenhunderteinundvierzig kann ich schon!

a)

T	H	Z	E
3	7	4	1
4	5	9	3
9	1	2	7

b)

T	H	Z	E
5	0	1	8
8	5	1	0
1	8	0	5

③ Wie heißen die Zahlen?

a) 4T 3H 1Z 7E   b) 5T 4H 3Z 2E   c) 2T 2H 1Z 9E   d) 3T 0H 3Z 0E

e) 1E 4H 8T 2Z   f) 7Z 5E 1T   g) 9H 8Z 7T   h) 9T 0H 1E

Erweiterung des Zahlenraumes bis 10 000;
1–3 Zahlen in der Stellentafel darstellen, die Zahlen mit Hilfe der Stellentafel lesen
E▶11 AH▶12 A▶11

④ Lege mit Zahlenkarten. Wie heißen die Zahlen? Schreibe sie in dein Heft.

a) 4000 + 600 + 70 + 4 = ___
5000 + 800 + 20 + 5 = ___
8000 + 900 + 60 + 8 = ___
6000 + 500 + 30 + 1 = ___

viertausendsechshundertvierundsiebzig

b) 7000 + 200 + 70 + 4 = ___
2000 + 100 + 10 + 1 = ___
3000 + 800 + 60 + 2 = ___
9000 + 800 + 70 + 6 = ___

---

⑤ Lege mit Zahlenkarten und lies die Zahlen. Notiere die Zerlegung.

| 5 | 3 | 4 | 1 | fünftausenddreihunderteinundvierzig

S.21, Nr. 5

a) 5341 = 5000 + 300 + 40 + 1

a) 5341	**b)** 7003	**c)** 9919
3728	2112	1991
8975	6606	8010
4034	8180	5985

---

⑥ Lies die Zahlwörter. Schreibe die Zahlen in dein Heft.
Du kannst auch zuerst legen.

S.21, Nr. 6

| 9 | 3 | 2 | 4 |

a) 9324

a) neuntausenddreihundertvierundzwanzig
b) siebentausendachthundertachtundfünfzig
c) neuntausendvierhundertvier
d) fünftausenddreihundertvierundzwanzig
e) sechstausenddreihundertfünfunddreißig
f) zweitausendzweiundzwanzig

---

⑦ Zahlendiktat in Partnerarbeit

a) 4592, 2127, 9281, 7543, 9019, 3408, 6270, 1023, 9876, 5003
b) 2643, 4184, 7562, 9351, 5024, 1970, 3806, 8059, 1234, 6009
c) Übt zusammen mit dem Zahlenschieber.

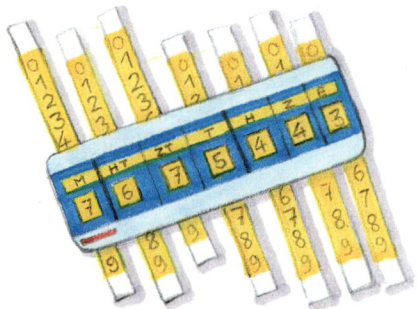

---

⑧ Zahlenrätsel. Finde immer 5 passende Zahlen.

Bei meinen Zahlen sind Tausenderstelle und Hunderterstelle gleich. **Mio**

Meine Zahlen liegen zwischen 5000 und 6000. An der Hunderterstelle und an der Einerstelle steht eine 9. **Maria**

Meine Zahlen sind größer als 8000. Sie haben drei gleiche Ziffern. **Max**

Meine Zahlen liegen zwischen 3000 und 4000. Die Hunderterstelle ist um 1 größer als die Zehnerstelle. **Naomi**

Bei meinen Zahlen ist die Tausenderstelle doppelt so groß wie die Hunderterstelle. Die Zehnerstelle ist halb so groß wie die Hunderterstelle. **Lena**

Erfinde ein eigenes Zahlenrätsel.

4, 5 Zahlen mit Zahlenkarten legen, Zerlegung notieren bzw. Zerlegung zur Zahl zusammensetzen;
7 Ein Partnerkind diktiert die Zahlen; **8** Mögl. Differenzierung: Wie viele passende Zahlen gibt es zu den einzelnen
Rätseln?

E▸11 **AH▸12** **A▸11**

21

Orientierung im Zahlenraum bis 10 000

① Welche Zahlen gehören zu den Buchstaben?

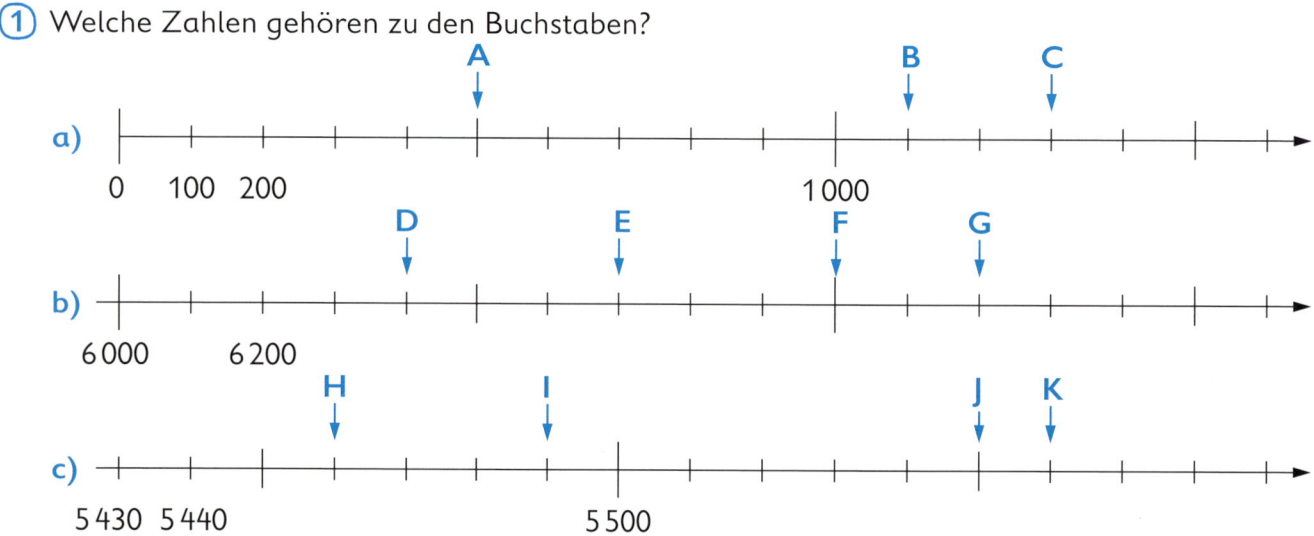

② Finde die Nachbarzahlen.

a) Vorgänger (V)
Nachfolger (N)

V	Zahl	N
8822	8823	8824
____	5478	____
	⋮	

b) Nachbarzehner (NZ)

NZ	Zahl	NZ
8820	8823	8830
____	5478	____
	⋮	

c) Nachbarhunderter (NH)

NH	Zahl	NH
8800	8823	8900
____	5478	____
	⋮	

d) Nachbartausender (NT)

NT	Zahl	NT
8000	8823	9000
____	5478	____
	⋮	

③ Welche Zahl liegt in der Mitte?

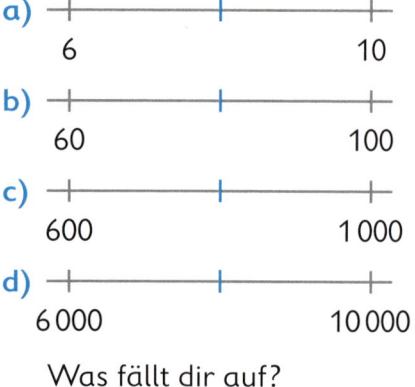

Was fällt dir auf?
Beschreibe.

④ Finde auch hier die Zahl in der Mitte.

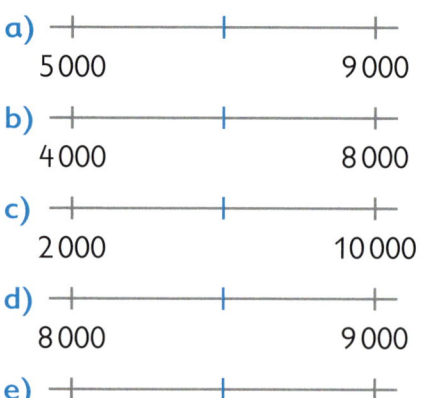

⑤ Welche Zahl ist hier ungefähr gemeint? Wie kommst du zu deiner Lösung?

näher an 9000

näher an 10 000

rechts von der Mitte

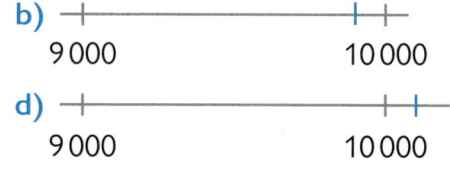

22

3 Analogie zu kleineren Zahlenräumen feststellen; **4** Analogien nutzen;
5 Lösung mit Hilfe der Wortkärtchen begründen
E ▶ 12   AH ▶ 13   A ▶ 12

6 < oder > ?

a) 3 800 ⬜ 3 080 b) 2 515 ⬜ 2 551

3 830 ⬜ 3 380 5 215 ⬜ 5 125

8 833 ⬜ 8 383 5 205 ⬜ 5 502

3 018 ⬜ 3 810 2 115 ⬜ 2 151

7 Ordne die Zahlen der Größe nach. Beginne mit der kleinsten Zahl.

5 666   5 470   5 500   5 490   5 616   5 555   5 600

8 Zähle …

a) … in Einerschritten

von 5 314 bis 5 330

von 3 232 bis 3 245

b) … in Zehnerschritten

von 8 120 bis 8 330

von 3 422 bis 3 572

c) … in Hunderterschritten

von 6 800 bis 7 400

von 4 237 bis 5 237

d) … in Tausenderschritten

von 2 800 bis 7 800

von   925 bis 9 925

e) … in Fünfzigerschritten

von 1 700 bis 2 200

von 5 810 bis 6 310

10 · 20 · · ·

9 Setze die Zahlenfolgen fort. Wie heißt die Regel?

a) 2 800, 3 000, 3 200, … 4 200   Regel: immer + 200

b) 5 470, 5 500, 5 530, … 5 680   Regel: ___

c) 6 000, 5 500, 5 000, … 2 500   Regel: ___

d) 4 680, 4 640, 4 600, … 4 400   Regel: ___

e) 3 700, 3 900, 3 800, 4 000, 3 900, … 4 300   Regel: ___

f) 9 850, 9 750, 9 800, 9 700, 9 750, … 9 550   Regel: ___

Erfinde eigene Zahlenfolgen. Findet dein Partner die Regel?

10 Ergänze zum nächsten Tausender.

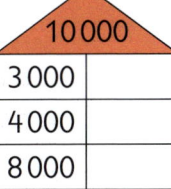

S. 2 3,	Nr. 1 0								
a)	3	4	0	0	+	6	0	0 = 4 0 0 0	

a) 3 400   b) 9 300   c) 4 650   d) 6 280

5 200   400   9 960   8 490

4 600   2 100   1 110   7 010

11

a)
10 000	
3 000	
4 000	
8 000	

b)
10 000	
3 200	
4 700	
8 100	

c)
10 000	
9 999	
9 900	
9 990	

d)
10 000	

12

a)
1 000 1 800 2 200

b)
4 500
3 500 1 500

c)
8 000
4 000

d) Baue eine Zahlenmauer. Deckstein 10 000.

6 Vorgehen beim Vergleichen von Zahlen besprechen; **9** Differenzierung: Zahlenfolgen mit eigenen Regeln notieren; **11** Zerlegungen der 10 000; **12** Zahlenmauern vervollständigen

E▶12 AH▶13 A▶12

Zahlen bis 100 000

①

HT Hundert-tausender	ZT Zehn-tausender	T Tausender	H Hunderter	Z Zehner	E Einer
1	0	0	0	0	0

einhunderttausend

10 Zehntausender-Stangen = 1 Hunderttausender-Platte

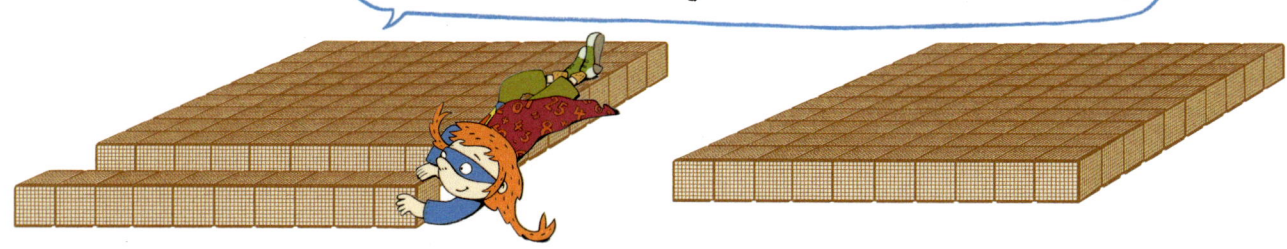

Trage in eine Stellentafel ein.
Wie viele kleine Würfel sind es?

a) 3 Zehntausender-Stangen

b) 5 Zehntausender-Stangen

c) 8 Zehntausender-Stangen

d) 4 Zehntausender-Stangen, 3 Tausender-Würfel, 5 Hunderter-Platten

e) 6 Zehntausender-Stangen, 5 Hunderter-Platten, 2 Zehner-Stangen

S.24, Nr.1

	ZT	T	H	Z	E
a)	3	0	0	0	0

dreißigtausend

② Lies die Zahlen.

Erst die Tausender sprechen.

fünfundvierzigtausend-dreihunderteinundzwanzig

a)

ZT	T	H	Z	E
4	5	3	2	1
5	4	2	1	6
6	7	7	0	7
7	1	0	0	4
1	2	3	0	6

b)

ZT	T	H	Z	E
3	0	1	9	2
9	9	9	9	9
8	2	5	4	0
4	3	0	1	2
1	1	7	8	0

③ Wie heißen die Zahlen?

a) 3ZT 4T 2H 7Z 3E

b) 1ZT 5T 3H 8Z 7E

c) 7ZT 0T 4H 2Z 9E

d)
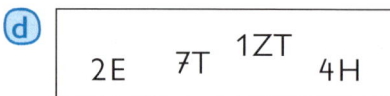

e)

f)
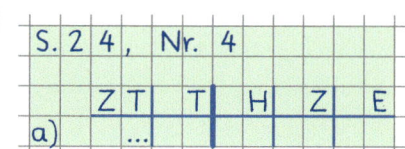

④ Trage die Ziffern in eine Stellentafel ein: 8 5 4 9 1

a) Bilde die kleinstmögliche fünfstellige Zahl.

b) Bilde die größtmögliche fünfstellige Zahl.

c) Notiere alle Zahlen, die größer sind als 98 000.

d) Notiere alle Zahlen, die kleiner sind als 41 000.

S.24, Nr.4

	ZT	T	H	Z	E
a)	...				

Erweiterung des Zahlenraumes bis 100 000; **1, 2** Zahlen in der Stellentafel darstellen, die Zahlen mit Hilfe der Stellentafel lesen; **4** Zahlen mit Ziffernkärtchen nach Anweisung bilden; Einsichten in das Stellenwertsystem vertiefen

E▶13 AH▶14 A▶13

⑤ Lege mit Zahlenkarten. Wie heißen die Zahlen? Schreibe sie in dein Heft.

a) 30 000 + 5 000 + 800 + 70 + 4 = ___
50 000 + 2 000 + 400 + 60 + 4 = ___
70 000 + 3 000 + 200 + 40 + 7 = ___
80 000 + 1 000 + 500 + 10 + 5 = ___

> fünfunddreißigtausendachthundertvierundsiebzig

b) 20 000 + 8 000 + 600 + 20 = ___
60 000 + 700 + 90 + 2 = ___
90 000 + 1 000 + 40 + 6 = ___
30 000 + 4 000 + 500 + 60 = ___

⑥ Lege und lies die Zahlen. Notiere die Zerlegung.

4	3	5	1	9												
S.	2	5	,	Nr.	6											
a)		4	3	5	1	9	=	4	0	0	0	0	+	3	0	0	0	+ ...

a) 43 519
94 315
54 391
49 135

b) 70 368
73 608
76 380
78 603

c) 98 765
87 659
76 598
65 987

⑦ Lies die Zahlwörter. Schreibe die Zahlen in dein Heft.
Du kannst auch zuerst legen.

S.	2	5	,	Nr.	7		
a)		4	3	5	2	4	

4	3	5	2	4

a) dreiundvierzigtausend fünfhundertvierundzwanzig
b) siebzigtausend dreihunderteinundsechzig
c) achtundneunzigtausend siebenhundertfünfzehn
d) fünfundzwanzigtausend zweihundertzehn
e) sechsunddreißigtausend vier

⑧ Zahlendiktat in Partnerarbeit

a) 49 154, 54 005, 83 083, 38 383, 40 545, 62 019, 95 604, 12 900, 19 200, 20 003

b) 32 149, 23 009, 32 392, 29 309, 92 320, 89 631, 67 024, 76 024, 55 901, 11 800

c) Übt mit dem Zahlenschieber.

⑨ Erst anschauen, dann rechnen.

a) 200 + 250
840 + 130
320 + 450
460 + 540

> Wer aufpasst, braucht nicht viel zu rechnen.

b) 2 000 + 2 500
8 400 + 1 300
3 200 + 4 500
4 600 + 5 400

c) 20 000 + 25 000
84 000 + 13 000
32 000 + 45 000
46 000 + 54 000

⑩ Zahlenrätsel

Meine Zahl ist fünfstellig. Im Einer steht eine 4. An den anderen Stellen ist die Ziffer jeweils um 1 größer. **Eva**

Meine Zahl liegt zwischen 54 000 und 59 000. Alle Ziffern sind gleich. **Ali**

Meine Zahl hat an der Zehner- und an der Tausender-Stelle eine 3. Die Ziffern von Einer und Hunderter sind doppelt so groß wie der Zehner. Der Zehntausender ist um 1 kleiner als der Einer. **Nele**

5, 6 Zahlen mit Zahlenkarten legen, Zerlegung notieren bzw. Zerlegung zur Zahl zusammensetzen;
8 Ein Partnerkind diktiert die Zahlen; **9** Analogien nutzen
E▶13   AH▶14   A▶13

25

Orientierung im Zahlenraum bis 100 000

① Welche Zahlen gehören zu den Buchstaben?

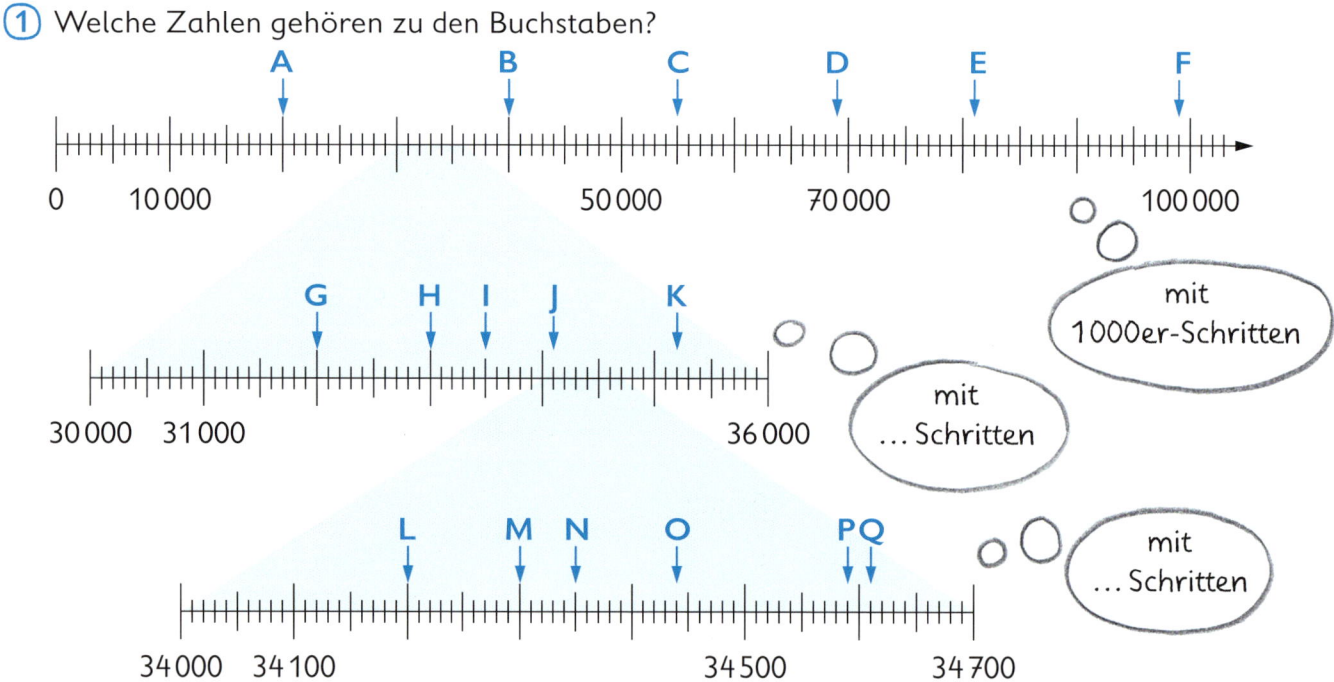

② Nachbarzahlen. Notiere in Tabellen.

 a) Vorgänger (V) und Nachfolger (N)

36 533   71 328   64 671

99 999   49 001   53 485

S.26, Nr. 2												
a)			V			Zahl				N		
	3	6	5	3	2	3 6 5 3 3				3 6 5 3 4		
						7 1 3 2 8						

b) Nachbarhunderter (NH)   c) Nachbartausender (NT)   d) Nachbarzehntausender (NZT)

34 533	34 250
34 520	34 610
34 172	34 394

30 500	31 400
33 600	35 690
32 195	30 086

2 800	51 000
7 300	77 900
80 980	95 300

③ < oder > ?

a) 12 830 ▢ 18 320   b) 36 515 ▢ 36 315
   10 470 ▢ 10 740   42 010 ▢ 48 010
   25 110 ▢ 25 210   94 313 ▢ 94 331

Ich vergleiche zuerst die Zehntausender. Wenn die gleich sind …

④ Ordne der Größe nach.

a) Beginne mit der größten Zahl.

72 581   66 501   86 413   66 372

71 920   66 356   54 163

b) Beginne mit der kleinsten Zahl.

49 283   19 423   21 518   48 516

24 301   48 612   50 334

1 Zahlenstrahlen untersuchen: Welche Schrittgrößen sind dargestellt? Wie hängen die drei Strahlen zusammen?
2 Zahlenstrahlen aus 1 als Hilfe nutzen; 3, 4 Zahlen vergleichen und ordnen, Vorgehen besprechen

E▶14   AH▶15   A▶14

5 Schreibe immer die nächsten fünf Zahlen auf. Zähle …

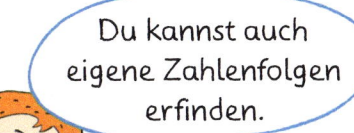

a) … in Zehntausenderschritten ab 20 000.

b) … in Tausenderschritten ab 47 000.   c) … in Hunderterschritten ab 34 600.

d) … in Zehnerschritten ab 89 760.   e) … in Fünfhunderterschritten ab 24 000.

f) … in Fünfzigerschritten ab 58 350.   g) … in Fünferschritten ab 61 990.

6 Setze die Zahlenfolgen fort. Wie heißt die Regel?

a) 38 000, 40 000, 42 000, … 52 000   Regel: immer + 2 000

b) 16 800, 17 200, 17 600, … 20 000   Regel: ___

c) 52 000, 49 000, 46 000, … 28 000   Regel: ___

d) 71 800, 71 600, 71 400, … 70 200   Regel: ___

e) 64 500, 63 500, 63 000, 62 000, 61 500, … 57 500   Regel: ___

Du kannst auch eigene Zahlenfolgen erfinden.

7 Welche Zahl liegt in der Mitte?

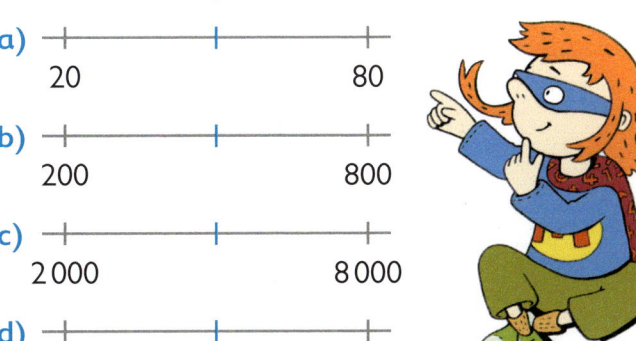

a)
20   80

b)
200   800

c)
2 000   8 000

d)
20 000   80 000

8 Welche Zahl ist ungefähr gemeint?

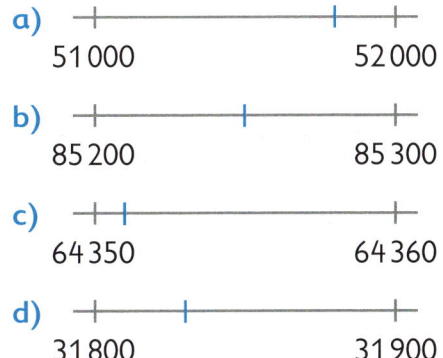

a)
51 000   52 000

b)
85 200   85 300

c)
64 350   64 360

d)
31 800   31 900

9 Ergänze zu 100 000.

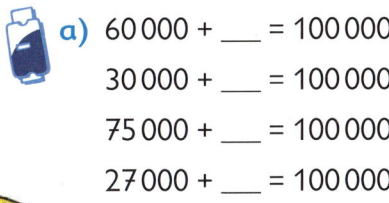

a) 60 000 + ___ = 100 000   b) 99 100 + ___ = 100 000   c) 95 900 + ___ = 100 000

30 000 + ___ = 100 000   80 200 + ___ = 100 000   81 200 + ___ = 100 000

75 000 + ___ = 100 000   70 900 + ___ = 100 000   78 500 + ___ = 100 000

27 000 + ___ = 100 000   55 400 + ___ = 100 000   25 500 + ___ = 100 000

10 Wie viele Lösungen findest du?

a) 100 000
10 000

b) 100 000

2 gleiche Eckzahlen!

7 Analogien erkennen; **8** Abstände einschätzen, Lösungen begründen;
10 Zahlenmauern mit gegebenen Bedingungen ausfüllen

27

E ▶ 14   AH ▶ 15   A ▶ 14

Übungen im Zahlenraum bis 100 000

①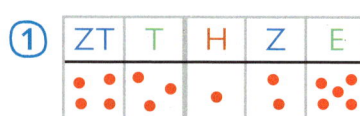

ZT	T	H	Z	E

Ich habe diese Zahl gelegt. Wie heißt sie?

a) Max nimmt ein Plättchen weg.
Welche Zahlen können entstehen?

b) Welche Zahlen können entstehen, wenn Max ein Plättchen dazulegt?

② Super-Päckchen! Rechne. Wie geht es weiter?

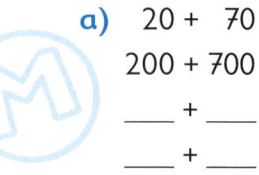

a)
20 + 70
200 + 700
___ + ___
___ + ___

b)
90 − 50
900 − ___
___ − ___
___ − ___

c)
30 000 + 40 000
3 000 + 4 000
300 + ___
___ + ___

d)
80 000 − 30 000
8 000 − 3 000
___ − ___
___ − ___

③ Super-Päckchen!

a)
50 + 37
500 + 370
5 000 + ___
___ + ___

b)
45 + 26
450 + 260
___ + ___
___ + ___

c)
90 − 35
900 − 350
9 000 − ___
___ − ___

d)
62 − 24
620 − 240
___ − ___
___ − ___

④ a)

20 000	
10 000	
13 000	
4 000	

b)

50 000	
20 000	
31 000	
	35 000

c)

70 000	
60 000	
18 000	
	24 000

d)

80 000	
	50 000
68 000	
	47 000

⑤ Zahlen würfeln – Spiel für 2 Kinder

Jeder zeichnet sich eine Stellentafel.
Würfelt abwechselnd fünfmal. Nach jedem Wurf
wird eine Ziffer in die Stellentafel eingetragen.

ZT	T	H	Z	E
				2

a) Wer die größte Zahl hat, gewinnt.   **b)** Wer die kleinste Zahl hat, gewinnt.

⑥ a) Welche Zahlen
kann Super M
legen?

ZT	T	H	Z	E

Ich lege nur mit 4 Plättchen. Es gibt viele Zahlen.

b) Berechne die Differenz zwischen der
größten und der kleinsten möglichen Zahl.
Wie groß ist die Differenz bei 5 (6, 7, 8, 9) Plättchen? Und bei 10 (11, 12, 13) Plättchen?
Notiere die Aufgaben. Wie verändert sich die Differenz?

1, 6 Anzahlen der Plättchen stehen für die Ziffern einer Zahl; Anzahlen der Plättchen nach Anweisung
bzw. geschickt verändern; **4** Zahlzerlegungen; **5** Wissen über das Stellenwertsystem nutzen

E ▶ 15   AH ▶ 16   A ▶ 15

Zahlen aus der Fliegerei – Zahlen runden

① Noah hat ein Flugzeugquartett.
Er vergleicht das maximale Gewicht der Flugzeuge beim Start.

Airbus A321:	93 520 kg	Bombardier Canadair:	32 995 kg
Boeing 737-800:	79 010 kg	Fokker 100:	44 450 kg
Boeing 757-200:	99 790 kg	McDonnell Douglas MD-82:	67 812 kg

Um die Zahlen einfacher vergleichen zu können, kann man runden.

Airbus A321-100

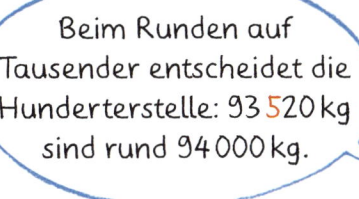

Länge	44,51 m
Spannweite	34,09 m
Höhe	11,76 m
max. Geschwindigkeit	900 km/h
Reichweite	5 556 km
max. Startgewicht	93 520 kg
Tankkapazität	29 500 l

Beim Runden auf Tausender entscheidet die Hunderterstelle: 93 5 20 kg sind rund 94 000 kg.

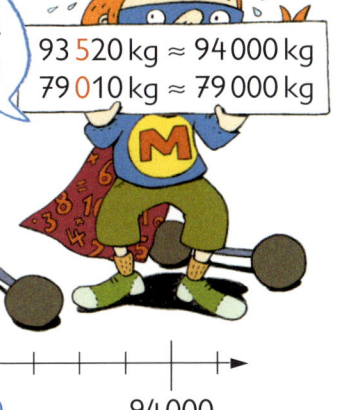

93 5 20 kg ≈ 94 000 kg
79 0 10 kg ≈ 79 000 kg

Runden

Die nächstkleinere Stelle entscheidet, ob aufgerundet oder abgerundet wird.

Bei 0, 1, 2, 3, 4: abrunden
Bei 5, 6, 7, 8, 9: aufrunden

93 000   93 520   94 000

Runde alle Gewichtsangaben auf Tausender.

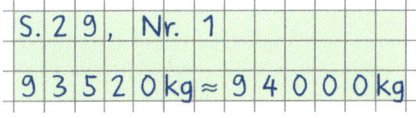

S. 2 9 , Nr. 1
9 3 5 2 0 kg ≈ 9 4 0 0 0 kg

② Noahs Vater ist Pilot. Noah hat ihn nach seinen Flugkilometern gefragt.

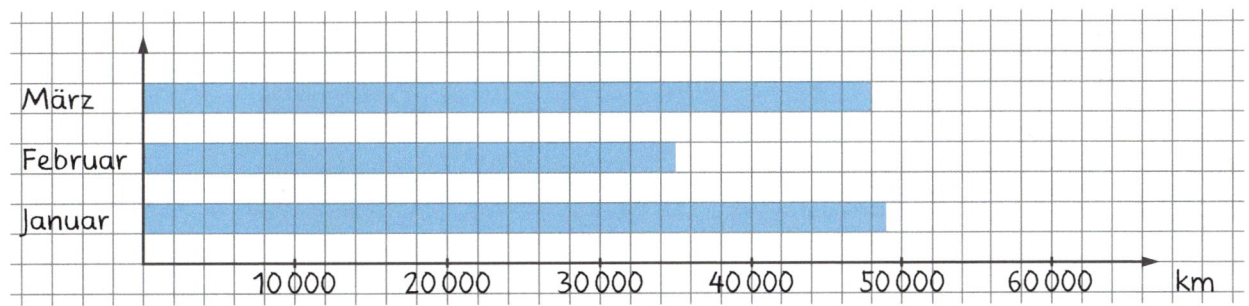

a) Wie viele Kilometer ist Noahs Vater im Januar (Februar, März) ungefähr geflogen?

b) Zeichne das Schaubild in dein Heft und ergänze es.
Runde dazu die Flugkilometer zuerst auf Tausender.

April: 41 628 km	Mai: 48 912 km	Juni: 51 537 km
Juli: 56 514 km	August: 59 009 km	September: 57 874 km

③ Kapitän Reuter arbeitet bei einer anderen Fluggesellschaft.
Vor allem in den Sommermonaten fliegt er weniger Kilometer
als Noahs Vater. Runde die Flugkilometer auf Hunderter.

April: 48 926 km	Mai: 41 569 km	Juni: 45 192 km
Juli: 42 614 km	August: 39 848 km	September: 48 683 km

Ⓜ Beim Runden auf Hunderter entscheidet die Zehnerstelle.

1 Zahlen auf volle Tausender runden; **2** Streifendiagramm lesen; Zahlen runden
und in das Streifendiagramm übertragen; **3** Zahlen auf Hunderter genau runden
E▶15   AH▶16   A▶15

29

Zahlen bis 1 000 000

①

M Millionen	HT Hundert- tausender	ZT Zehn- tausender	T Tausender	H Hunderter	Z Zehner	E Einer
1	0	0	0	0	0	0

eine Million

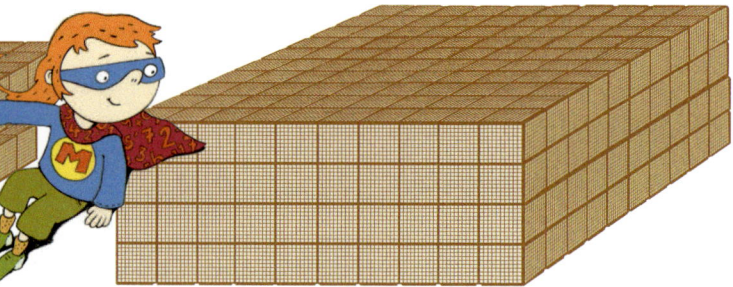

Wie viele Hunderttausender-Platten für den Millionen-Würfel?

Trage in eine Stellentafel ein.
Wie viele kleine Würfel sind es?

vierhunderttausend

a) 4 Hunderttausender-Platten

b) 7 Hunderttausender-Platten

c) 3 Hunderttausender-Platten, 2 Zehntausender-Stangen, 8 Tausender-Würfel

d) 5 Hunderttausender-Platten, 6 Zehntausender-Stangen, 4 Tausender-Würfel, 9 Hunderter-Platten, 2 Zehner-Stangen

	S. 3 0,	Nr. 1				
	HT	ZT	T	H	Z	E
a)	4	0	0	0	0	0

② Lies die Zahlen.

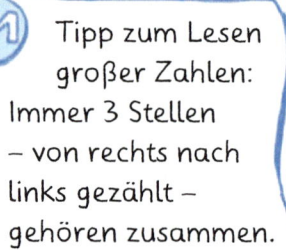

Tipp zum Lesen großer Zahlen: Immer 3 Stellen – von rechts nach links gezählt – gehören zusammen.

HT	ZT	T	H	Z	E
1	2	5	3	9	4
3	5	4	2	8	1
3	4	5	2	1	8
8	2	1	3	5	4
2	0	3	4	2	6

einhundertfünfundzwanzigtausenddreihundertvierundneunzig

③ Wie heißen die Zahlen?

a) 4HT 2ZT 6T 5H 7Z 8E   b) 6HT 7ZT 8T 3H 4Z 5E   c) 5HT 0ZT 3T 4H 1Z 2E

d)
```
    3Z
         2T
4HT  1H     5ZT
```

e)
```
7E
         4H    2T
    7HT            3Z
```

f)
```
2H            9ZT
    4HT   7Z      0E
```

④ Trage diese Ziffern in eine Stellentafel ein. `3` `6` `9` `4` `7` `2`

a) Notiere die größte sechsstellige Zahl.

b) Notiere die kleinste sechsstellige Zahl.

c) Notiere alle Zahlen, die größer sind als 975 000.

d) Notiere alle Zahlen, die kleiner sind als 240 000.

	S. 3 0,	Nr. 4				
	HT	ZT	T	H	Z	E
a)	...					
b)						

Erweiterung des Zahlenraumes bis 1 000 000; **1, 2** Zahlen in der Stellentafel darstellen, die Zahlen mit Hilfe der Stellentafel lesen; **4** Zahlen mit Ziffernkärtchen nach Anweisung bilden; Einsichten in das Stellenwertsystem vertiefen

E ▶ 16   AH ▶ 17   A ▶ 16

5 Lege mit Zahlenkarten und lies die Zahlen. Notiere die Zerlegung.

S. 3 1, Nr. 5
a) 3 9 2 4 6 5 = 3 0 0 0 0 0 + 9 0 0 0 0 ...

a) 392 465　　b) 540 361　　c) 888 008
　 125 521　　　 207 186　　　 262 007
　 493 187　　　 985 034　　　 500 416

6 Zahlendiktat in Partnerarbeit

a) 516 378, 156 738, 651 873, 561 387, 615 378

b) 378 516, 738 156, 873 651, 387 561, 378 615

Übt weiter mit dem Zahlenschieber.

7

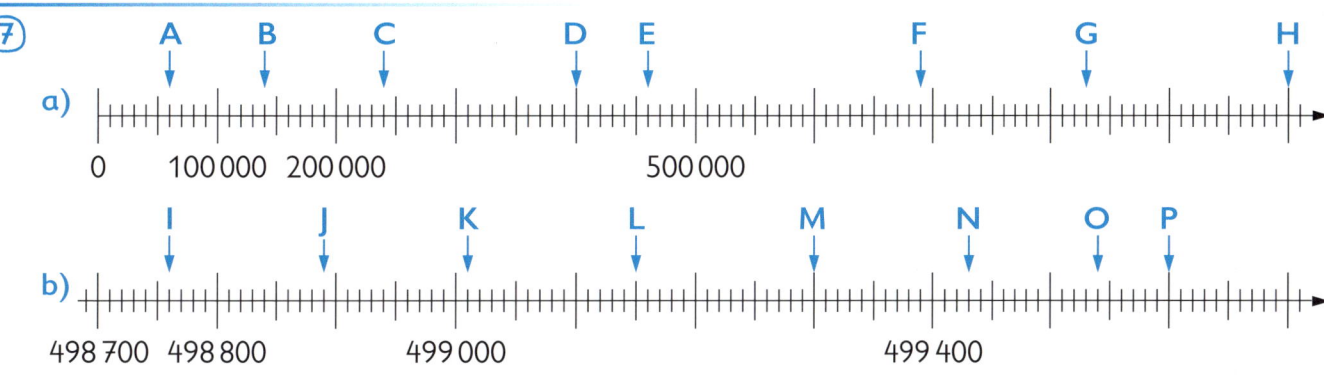

a) A　B　C　　D　E　　　　　F　　G　　　　H
0　　100 000　200 000　　　　500 000

b) I　J　　K　　L　　　M　　N　　O　P
498 700　498 800　　499 000　　　　499 400

8 Notiere die Nachbarzahlen.

451 364　　760 800　　391 450

622 419　　100 000　　603 000

S. 3 1, Nr. 8			
a)	V	Zahl	N
		4 5 1 3 6 4	
		7 6 0 8 0 0	

a) Vorgänger (V) und Nachfolger (N)

b) Nachbarhunderter (NH)　　　c) Nachbartausender (NT)

d) Nachbarzehntausender (NZT)　　e) Nachbarhunderttausender (NHT)

9 < oder > ?

a) 481 572 ○ 536 791　　b) 267 433 ○ 268 510　　c) 421 315 ○ 421 351
　 674 834 ○ 698 220　　　 631 315 ○ 631 268　　　 241 531 ○ 214 541
　 980 426 ○ 990 426　　　 813 724 ○ 813 742　　　 412 513 ○ 412 315

10 Setze fort. Wie heißt die Regel?

a) 630 000, 640 000, 650 000, ... 700 000　Regel: immer ___

b) 700 000, 680 000, 660 000, ... 560 000　Regel: ___

c) 545 000, 547 000, 549 000, ... 559 000　Regel: ___

d) 327 030, 324 030, 321 030, ... 306 030　Regel: ___

e) 820 400, 818 400, 822 400, 820 400, 824 400, ... 830 400　Regel: ___

f) 421 200, 424 200, 419 200, 422 200, 417 200, ... 411 200　Regel: ___

5 Zerlegung zur Zahl zusammensetzen; **6** Ein Partnerkind diktiert die Zahlen; **7** Zahlen am Zahlenstrahl ablesen, auf Schrittgrößen innerhalb der Zahlenstrahlen achten; **10** Zahlenfolgen fortsetzen und ihren Aufbau beschreiben

E▶16　AH▶17　A▶16

31

Großstädte in Deutschland – Schaubilder

①

Berlin ist die Hauptstadt Deutschlands.
Dort leben 3 416 255 Menschen.

drei Millionen
vierhundertsechzehntausend-
zweihundertfünfundfünfzig

Zu Deutschland gehören 16 Bundesländer.
Einwohnerzahlen der Landeshauptstädte:

Kiel (KI)	236 902	Düsseldorf (D)	581 122
Schwerin (SN)	95 855	Erfurt (EF)	202 929
Hamburg (HH)	1 770 629	Dresden (DD)	507 513
Bremen (HB)	547 769	Wiesbaden (WI)	275 849
Berlin (B)	3 416 255	Mainz (MZ)	198 118
Potsdam (P)	150 833	Saarbrücken (SB)	176 452
Hannover (H)	518 069	Stuttgart (S)	597 176
Magdeburg (MD)	230 140	München (M)	1 311 573

a) Zeige die Hauptstädte auf der Karte
und nenne das jeweilige Bundesland.

b) In welchem Bundesland wohnst du?
Wie heißt die Landeshauptstadt
und wie viele Einwohner hat sie?

c) Notiere die Einwohnerzahlen
der Hauptstädte in einer Stellentafel.
Ordne sie der Größe nach.
Beginne mit der größten Zahl.

> S. 32, Nr. 1
>
> c)
> | M | HT | ZT | T | H | Z | E | |
> |---|---|---|---|---|---|---|---|
> | 3 | 4 | 1 | 6 | 2 | 5 | 5 | Berlin |

② a) Runde die Einwohnerzahlen der acht größten
Landeshauptstädte auf Hunderttausender.
Zeichne ein Balkendiagramm für diese Städte.
Zeichne 1 Kästchen für 100 000 Einwohner.

b) Runde die Einwohnerzahlen der restlichen Städte auf
Zehntausender. Stelle auch diese Zahlen in einem
Balkendiagramm dar. Wie zeichnest du hier?

> Ⓜ Beim Runden auf Hundert-
> tausender entscheidet die
> Ziffer des Zehntausenders,
> ob auf- oder abgerundet wird.
> 3 416 255 ≈ 3 400 000

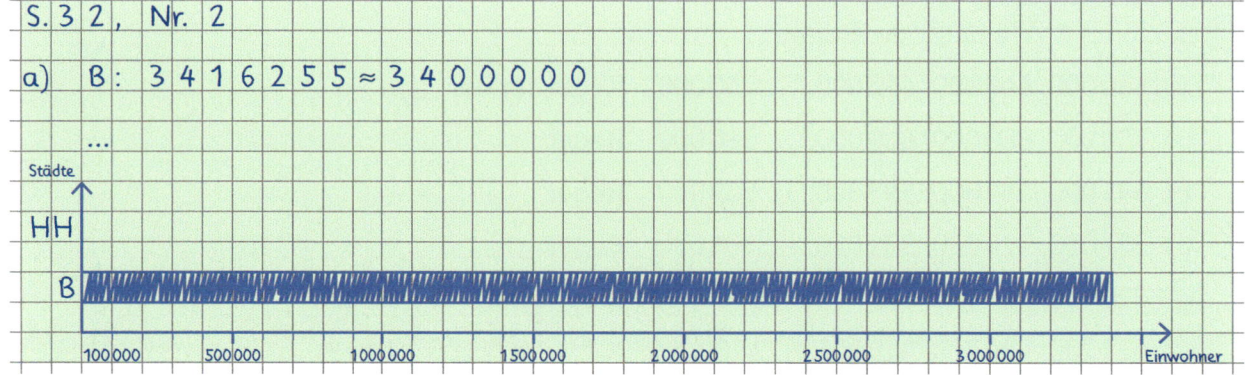

1 Orientierung auf der Karte; Einwohnerzahlen mit Hilfe der Stellentafel der Größe nach ordnen; 2 Zahlen runden,
große und kleine Städte getrennt in zwei Balkendiagrammen darstellen, dabei für die kleinen Städte selbst eine
sinnvolle Darstellungsgröße wählen E▶17 AH▶18 A▶17

3 **a)** Welche Stadt hat ungefähr doppelt so viele Einwohner wie Schwerin?

b) Welche Städte haben mehr als 200 000 und weniger als 500 000 Einwohner?

c) Welche Stadt hat ungefähr 3-mal so viele Einwohner wie Erfurt?

d) Welche Städte haben etwa eine halbe Million Einwohner?

4 **a)** Vedat hat die Einwohnerzahlen einiger Städte im Internet gesucht.
Die Zahlen hat er auf Zehntausender gerundet.
Für jeden Zehntausender zeichnet er ein 🕴.

Wie viele Einwohner haben die Städte etwa?

b) Zeichne für diese Städte ein Schaubild wie Vedat.

Salzwedel 20 514   Sangerhausen 31 153   Merseburg 35 045   Burg   24 107
Dresden 507 513   Hettstedt 15 021   Dessau-Roßlau 89 934   Magdeburg 230 140

5

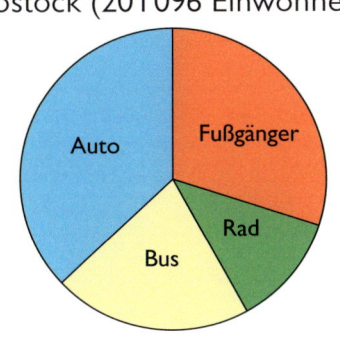

| Chemnitz |
| Dresden |
| Magdeburg |
| Rostock |
| Gera |

a) Erkläre dieses Schaubild. Wofür stehen die Männchen, wenn Chemnitz 241 344 Einwohner hat?

b) Wie viele Einwohner haben die anderen Städte etwa?

c) Vergleiche die Zahlen.

> Die meisten Einwohner …   … haben mehr als …

> … hat etwa doppelt so viele …

6 Nutzung von Verkehrsmitteln

Rostock (201 096 Einwohner)   Erfurt (203 333 Einwohner)

60 329   42 230   74 406   24 131

[Kreisdiagramm Rostock: Auto, Fußgänger, Rad, Bus]

[Kreisdiagramm Erfurt: Auto, Fußgänger, Rad, Bus]

18 707   57 747   78 487   48 392

a) Welche Informationen kannst du den Kreisdiagrammen entnehmen? Vergleiche die Diagramme.

b) Ordne die Personenzahlen den Verkehrsmitteln zu. Erstelle eine Tabelle.

c) Runde die Zahlen auf Tausender und stelle sie in einem Balkendiagramm dar. Zeichne 1 cm für 10 000 Personen.

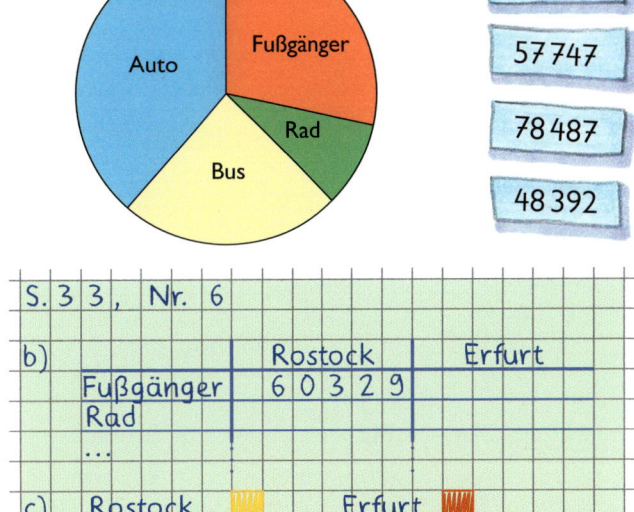

4, 5 Symbolische Schaubilder lesen und zeichnen; **6** Mit dem Kreisdiagramm umgehen, Informationen aus dem Kreisdiagramm in einer Tabelle und einem Balkendiagramm darstellen

E▶17 AH▶18 A▶17

33

Das kann ich schon!

① Große Zahlen darstellen

Wie viele kleine Würfel sind es? Notiere in einer Stellentafel.

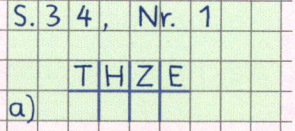

a)

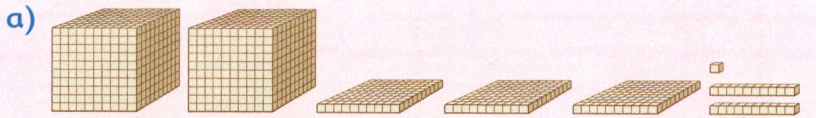

b) 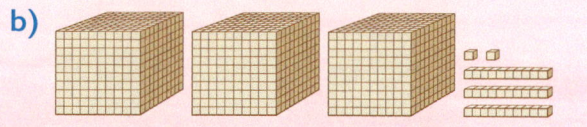   c)

② Stellenwerte

Wie heißen die Zahlen?

a) 5T 6H 2Z 3E,   8T 3H 1Z 7E,   2ZT 6T 0H 3Z 0E,   9HT 5ZT 2T 1H 0Z 3E

b) 8T 9H 6Z,   6T 7H 2E,   9T 9E,   8ZT 2H 3E,   2ZT 5T 1E,   4HT 8ZT 5H 9Z 1E

③ Zahlzerlegungen

Wie heißen die Zahlen? Schreibe sie in dein Heft.

a) 10 000 + 9 000 + 900 + 80 + 2 = ___   b) 300 000 + 50 000 + 7 000 + 400 + 20 + 1 = ___

50 000 + 3 000 + 400 + 60 + 4 = ___   200 000 + 80 000 + 4 000 +   80 +   9 = ___

④ Zahlenstrahl

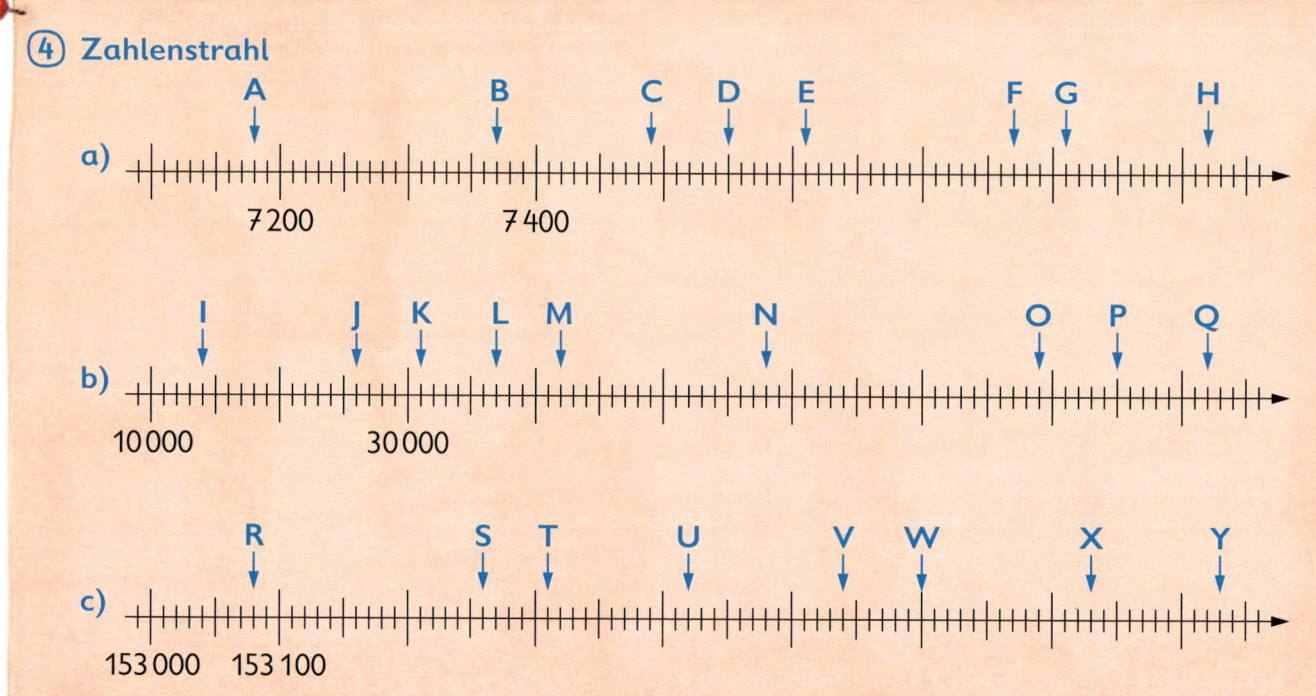

⑤ Zahlen ordnen

a) < oder > ?

12 873	22 873
7 671	7 617
50 763	57 063
219 006	219 060

b) Ordne der Größe nach. Beginne mit der kleinsten Zahl.

7 777	7 978	7 879	9 778
79 700	70 970	17 900	707 900	79 007

⑥ Nachbarzahlen

Zeichne die Tabellen in dein Heft. Finde die Nachbarzahlen.

a)

V	Z	N
	7 690	
	12 700	
	96 999	
		52 000

b)

NT	Z	NT
	176 050	
	378 012	
	949 958	
	523 401	

c)

NZT	Z	NZT
	163 127	
	984 004	
	270 253	
	826 031	

⑦ Zahlenfolgen

Mal vorwärts, mal rückwärts.

a) 46 000, 48 000, 50 000, … 60 000   Regel: immer ___

b) 91 600, 91 400, 91 200, … 90 200   Regel: ___

c) 273 005, 276 005, 279 005, … 294 005   Regel: ___

d) 72 400, 72 900, 73 900, 74 400, 75 400, … 78 900   Regel: ___

⑧ Ergänzen

Schreibe immer als Plusaufgabe. Ergänze …

a) … zu 100 000

75 000
34 000
29 700
11 900

b) … zu 1 000 000

370 000
820 000
545 000
910 000

S. 3 5,	Nr. 8													
a)	7	5	0	0	0	+	2	5	0	0	0	=	1	0	0	0	0	0

⑨ Zahlen runden

Runde die Einwohnerzahlen auf Tausender.

Städte an der Elbe	Coswig	Witten-berge	Dessau-Roßlau	Tanger-münde	Schönebeck
Einwohner	11 513	19 297	89 934	9 463	35 238

5 Vergleichen und ordnen von Zahlen; 7 Zahlenfolgen fortsetzen und ihren Aufbau beschreiben

E▶18   A▶18

Kilometer und Meter

① Wie weit ist es? Gib auch in Metern an.

a) vom Turm zum Brunnen

b) vom Museum zum Parkplatz

c) vom See zum Spielplatz

Für 1 km brauche ich zu Fuß etwa 15 min.

S. 3 6,	Nr. 1					
a)	4 km	= 4	0	0	0	m

> 1 Kilometer = 1000 Meter
> 1 km = 1000 m

② Wie viele Meter sind es?

a) 2 km
9 km
5 km
10 km

b) 6 km 360 m
8 km 500 m
5 km 134 m
3 km 807 m

c) 2 km 18 m
9 km 90 m
1 km 1 m
4 km 22 m

S. 3 6,	Nr. 2					
a)	...					
b)	6 km	3 6 0 m	= 6	3	6	0 m

③ Wie lang sind diese Wege? Schreibe auf drei Arten.

a) vom Turm zum Museum

b) vom Schloss zum Turm

c) vom See zum Brunnen

d) der kürzeste (längste) Weg vom Schloss zum See

Das Komma trennt Kilometer und Meter.

	km		m		
2,490 km	2	4	9	0	2490 m
0,095 km	0	0	9	5	95 m

Man spricht:
zwei Komma vier neun null Kilometer
und
null Komma null neun fünf Kilometer

S. 3 6,	Nr. 3							
a)	2,4 9 0 km	= 2 km	4 9 0 m	= 2	4	9	0	m

④ Schreibe in Kilometern mit Komma. Die Stellentafel kann dir helfen.

a) 8 km 420 m
5 km 275 m

b) 3 km 25 m
1 km 8 m

c) 3275 m
9999 m

d) 6100 m
6010 m

e) 500 m
908 m

f) 82 m
3 m

⑤ Wie weit ist es zu den einzelnen Orten? Schreibe wie in Aufgabe ③.

Nullen am Ende einer Kommazahl muss man nicht schreiben.
1,300 km = 1,3 km

1 Entfernungen dem Plan entnehmen, in m umwandeln, mögliche Differenzierung: Gehzeiten berechnen;
3 Entfernungen in km, in gemischter Schreibweise und in m angeben; **5** Hinweis von Super M besprechen

E▶19 AH▶19 A▶19

① Wie lang sind die Dinge in Wirklichkeit? Ordne zu.

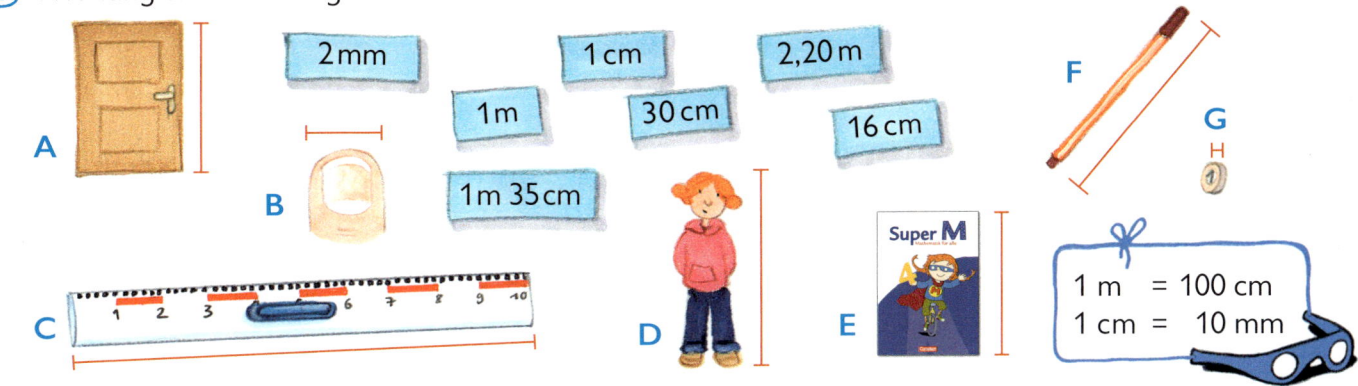

A B C D E F G H

2 mm 1 cm 2,20 m
1 m 30 cm 16 cm
1 m 35 cm

Super M

1 m = 100 cm
1 cm = 10 mm

---

② Wie viele cm sind es?

a) 6 m
   2 m
   1 m 80 cm
   10 m 20 cm

b) 3 m 46 cm
   5 m 6 cm
   9 m 1 cm
   1 m 12 cm

③ Wandle um in mm.

a) 8 cm
   3 cm
   2 cm 5 mm
   4 cm 8 mm

b) 10 cm 2 mm
   12 cm 6 mm
   90 cm 1 mm
   1 m

Das Komma trennt Meter und Zentimeter.
Man kann unterschiedlich schreiben.
2,36 m = 2 m 36 cm = 236 cm

	m		cm		
2,36 m		2	3	6	236 cm
12,05 m	1	2	0	5	1205 cm

Das Komma trennt auch Zentimeter
und Millimeter.
2,6 cm = 2 cm 6 mm = 26 mm

	cm	mm	
2,6 cm	2	6	26 mm
0,5 cm	0	5	5 mm

Ich bin 1,39 m groß.
Das sind 139 cm.
Wie groß bist du?

---

④ Gib in drei verschiedenen Schreibweisen an. Die Stellentafel kann dir helfen.

a) 3,74 m
  5,25 m
  7,98 m
  9,17 m

b) 2,02 m
  2,20 m
  0,02 m
  0,20 m

c) 5,8 m
  2,7 m
  0,5 m
  0,1 m

d) 3,15 m
  0,75 m
  0,04 m
  0,01 m

S. 37, Nr. 4

a) 3,74 m = 3 m 74 cm = 374 cm

---

⑤ Gib in drei verschiedenen Schreibweisen an. Die Stellentafel kann dir helfen.

a) 185 cm
  456 cm

b) 208 cm
  280 cm

c) 600 cm
  60 cm

d) 15 cm
  2 cm

S. 37, Nr. 5

a) 185 cm = 1 m 85 cm = 1,85 m

---

⑥ Zeichne die Strecken. Gib die Längen in cm und in mm an.

a) 3,5 cm
  4,9 cm

b) 9,1 cm
  12,6 cm

c) 55 mm
  90 mm

d) 12 mm
  7 mm

e) 21 mm
  9 mm

S. 37, Nr. 6

a) 3,5 cm
35 mm

---

1 Längen passend zuordnen; **4** Angaben in m, in gemischter Schreibweise und in cm angeben;
6 Strecken zeichnen, Längen in cm und mm angeben

E▶19 AH▶19 A▶19

Längen – Bruchzahlen

①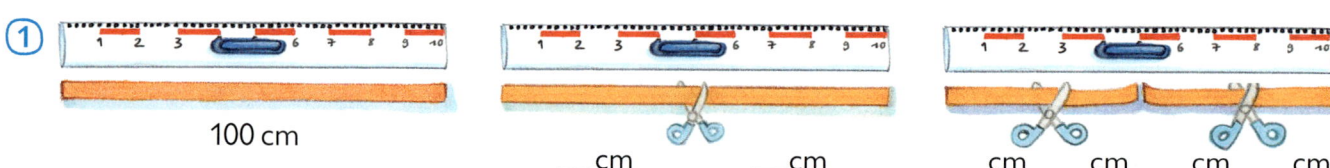

100 cm   ___ cm   ___ cm   ___ cm   ___ cm   ___ cm   ___ cm

Betrachte die Bilder. Schneide selbst.

Wie lang ist ein halber Meter ($\frac{1}{2}$ m)?
Wie lang ist ein viertel Meter ($\frac{1}{4}$ m)?
Wie lang ist ein dreiviertel Meter ($\frac{3}{4}$ m)?

Das sind 3 Viertel. Zusammen einen Dreiviertelmeter lang.

② Schreibe in dein Heft und ergänze.

a) 1 m = ___ cm   b) $\frac{1}{2}$ m = ___ cm   c) $\frac{1}{4}$ m = ___ cm   d) $\frac{3}{4}$ m = ___ cm

e) 1 m + $\frac{1}{2}$ m = 1$\frac{1}{2}$ m = ___ cm   f) 1 m + $\frac{1}{4}$ m = 1$\frac{1}{4}$ m = ___ cm

③ Mit dem Maßband messen. Wie viele Meter sind es? Ordne zu und ergänze.

a)   b)   c)   d)   e)   f)   g)   h)

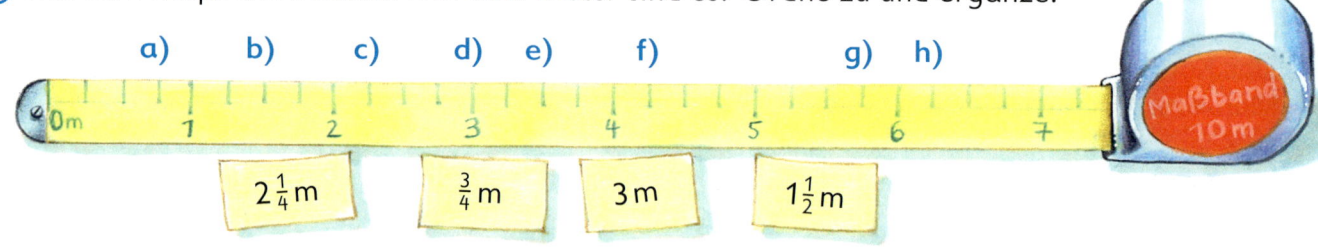

$2\frac{1}{4}$ m $\frac{3}{4}$ m   3 m $1\frac{1}{2}$ m

④

Mein Schulweg ist ungefähr $\frac{1}{2}$ km lang.

Mein Weg ist 1 km länger. Insgesamt $1\frac{1}{2}$ km.

Wie viele Meter sind die Wege lang?

⑤ Wie viele Meter sind es?

a) 1 km = ___ m   b) $2\frac{1}{2}$ km = ___ m
$\frac{1}{2}$ km = ___ m $5\frac{1}{2}$ km = ___ m
$\frac{1}{4}$ km = ___ m $1\frac{1}{4}$ km = ___ m
$\frac{3}{4}$ km = ___ m $10\frac{3}{4}$ km = ___ m

⑥ a) Schreibe in Zentimetern.

$4\frac{1}{2}$ m   2,5 m   0,75 m   10,25 m $2\frac{3}{4}$ m   0,5 m   1,6 m

b) Schreibe in Metern.

$3\frac{1}{2}$ km $7\frac{3}{4}$ km   2,4 km   6,1 km   0,59 km   2,750 km   1,509 km

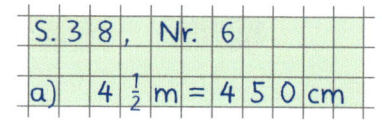

S. 3 8 , Nr. 6
a) 4 $\frac{1}{2}$ m = 4 5 0 cm

⑦ <, > oder = ?

a) 100 cm ○ 1 m   b) 250 cm ○ $\frac{1}{4}$ m
0,1 km ○ 10 m $\frac{1}{4}$ km ○ 750 m
1000 m ○ 1 km   150 cm ○ $1\frac{1}{2}$ m
150 cm ○ 1,5 m $\frac{1}{2}$ cm ○ 50 mm
150 mm ○ 1,5 cm   150 m ○ $1\frac{1}{2}$ km

⑧ Ordne der Länge nach.

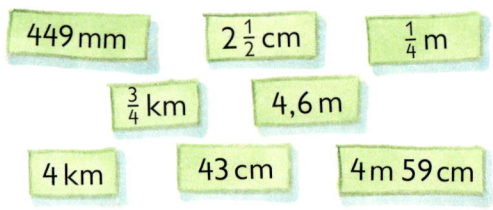

449 mm $2\frac{1}{2}$ cm $\frac{1}{4}$ m
$\frac{3}{4}$ km   4,6 m
4 km   43 cm   4 m 59 cm

1 Geschenkband durch Halbieren zerteilen in $\frac{1}{2}$ m und $\frac{1}{4}$ m lange Stücke, Bruchteile eines Meters in Zentimetern angeben;
4 Bruchteile eines Kilometers in Metern angeben; 5, 6 Längenangaben umwandeln;
7, 8 Längenangaben vergleichen und ordnen   E▸20   AH▸20   A▸20

①

a) An vielen Gebäuden kannst du geometrische Körper entdecken. Welche siehst du auf diesen Fotos?

b) Erkunde deine Umgebung.
Findest du interessante Gebäude?
Versuche sie zu skizzieren.
Aus welchen geometrischen Körpern bestehen sie?

c) Einige Körper findest du immer wieder an Gebäuden, andere nur selten.
Welche sind das? Weshalb ist das so?

②

Nur gerade Kanten, nur ebene Flächen

Zwei gekrümmte Kanten, zwei ebene Flächen, eine gewölbte Fläche

Welche Körper sind es?

a) 6 ebene Flächen, alle gleich groß

b) 5 ebene Flächen, davon 4 gleich groß

c) Eine gewölbte Fläche, keine Kanten

d) Eine gekrümmte Kante, 2 Flächen

e) 9 gerade Kanten, 5 ebene Flächen

f) 12 gerade Kanten, 6 ebene Flächen

g) Eine gewölbte Fläche, 2 ebene Flächen 2 gekrümmte Kanten.

  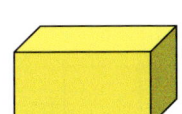 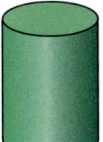 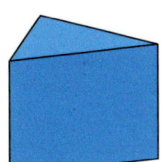  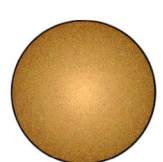

③

Hat der Körper ebene Flächen?
Ja.

Hat er gekrümmte Kanten?
Ja.

Hat er eine Ecke?
Dann ist es …
Ja.

1 Geometrische Körper auf den Fotos benennen; eigene Gebäude skizzieren und Körper benennen; über Vor- und Nachteile einzelner geometrischer Körper in der Architektur nachdenken; **2, 3** mit den Begriffen „eben"
E▶20 **AH▶20** **A▶20** und „gewölbt", „gerade" und „gekrümmt" umgehen

39

Darstellen von Körpern

①

Anne hat die Verpackung für Max' Geschenk selbst gebastelt. Die Bastelvorlage sah so aus:

a) Wie könnte die Bastelvorlage noch aussehen?
Überlege, aus welchen Vorlagen du einen Würfel falten kannst.
Übertrage sie in dein Heft.

A   B   C   D   E

b) Male die Flächen, die sich am gefalteten Würfel gegenüberliegen, mit der gleichen Farbe an.

② Zeichne die Würfelnetze auf Karopapier.

a) Male die Ecken, die beim Falten zusammenstoßen, in der gleichen Farbe an.

A   B   C   D   E

b) Schneide die Netze aus, falte und überprüfe deine Lösung.

③ a) Zeichne genau ab und vervollständige zu Quadernetzen.

A   B   C

E

D

b) Für welche Netze findest du verschiedene Lösungen? Zeichne sie auf.

1 Würfelnetze erkennen; falten der Netze in der Vorstellung oder tatsächlich, um gegenüberliegende Flächen zu finden; **2** Falten der Netze zunächst in Gedanken, Lösung handelnd überprüfen; **3** Zeichnungen zu Quadernetzen ergänzen E▶21 AH▶21 A▶21

④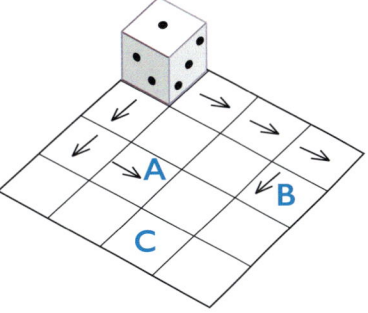

Welcher Körper und welches Netz gehören zusammen?

⑤ Kippe den Würfel.

a) Welche Augenzahl ist bei A (B) oben, welche vorne …?

b) Welche Augenzahl könnte bei C oben liegen? Finde verschiedene Möglichkeiten!

⑥ a) Finde die Kippwege zu den Würfeln!
b) Wie oft musst du den Würfel kippen, um zu A (B) zu kommen?

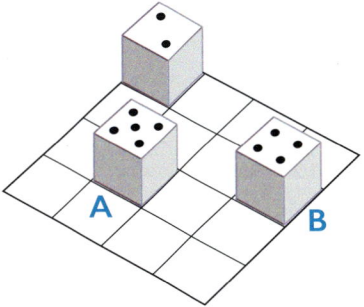

4 Körper und Netze passend zuordnen; 5, 6 Kippbewegungen von Würfeln

E▶21 AH▶21 A▶21

Addieren

①

In einer Spalte lege ich 5 Plättchen dazu. Die Aufgabe heißt 320 241 + 5.

HT	ZT	T	H	Z	E

Die Aufgabe stimmt nur, wenn du die Plättchen zu den Einern legst.

a) 5 Plättchen dazu

320 241 + 5 = ___
320 241 + 50 = ___
320 241 + ___ = ___
...

Es verändert sich immer nur eine Stelle.

b) 3 Plättchen dazu

_____ + 300 000 = __
_____ + 30 000 = __
_____ +   __ = __
...

② Rechne. Wo verändert sich etwas?

a) 123 000 +   6
123 000 +   60
123 000 +   600
123 000 +   6 000
123 000 +   60 000
123 000 + 600 000

b) 415 306 +   4
415 306 +   40
415 306 +   400
415 306 +   _____
415 306 +   _____
415 306 +   _____

c) 250 000 + 500 000
250 000 + 50 000
250 000 +   _____
_____ +   __
_____ +   __
_____ +   _

d) 33 333 +   7
33 333 +   70
33 333 +   ___
_____ +   ___
_____ +   _____
_____ +   _____

③ **a)** 30 000 + 36 000
30 000 + 36 800
30 000 + 36 890
30 000 + 36 892

b) 516 000 + 5 000
516 400 + 5 000
516 560 + 5 000
516 317 + 5 000

c) 91 657 +   4
91 657 +   400
91 657 +   40
91 657 +   40 000

d) 803 000 + 60 000
830 000 + 60 000
800 030 + 60 000
800 003 + 60 001

④ Super-Päckchen! Rechne. Wie geht es weiter?

a) 520 543 + 20 000
540 543 + 20 000
560 543 + 20 000
_____ + _____
_____ + _____

b) 30 000 + 333 333
30 000 + 444 444
30 000 + _____
_____ + _____
_____ + _____

c) 999 999 +   1
999 990 +   10
999 900 +   100
_____ + _____
_____ + _____

d) Erfinde eigene Super-Päckchen. Die Ergebnisse sollen größer als 10 000 sein.

⑤ Bilde aus den Ziffern 1 und 0 zwei Zahlen. Die beiden Ziffern sollen immer abwechselnd vorkommen. Die Summe dieser Zahlen soll zwischen 1 000 und 1 000 000 liegen.

Ich rechne 10 101 + 1 010.

1–5 Einsichten in das Stellenwertsystem vertiefen und nutzen;
4 Regelmäßigkeiten der Summanden und der Ergebnisse erkennen, Erkenntnisse für eigene Päckchen nutzen
E▶22 AH▶22 A▶22

①

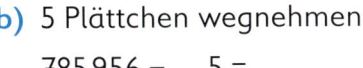

HT	ZT	T	H	Z	E

> Ich nehme in einer Spalte 3 Plättchen weg.

> Schau genau, welche Stellen sich ändern!

> Es gibt wieder verschiedene Möglichkeiten.

a) 3 Plättchen wegnehmen.

785 956 −   3 = ___

785 956 −   30 = ___

785 956 − ___ = ___

…

b) 5 Plättchen wegnehmen.

785 956 −   5 = ___

785 956 −   50 = ___

785 956 − ___ = ___

…

② Rechne. Wo verändert sich etwas?

a)
987 654 − 400 000
987 654 − 40 000
987 654 −   4 000
987 654 −   400
987 654 −   40
987 654 −   4

b)
635 920 − 100 000
635 920 − 10 000
635 920 − _____
_____ − ___
_____ − __
_____ − _

c)
800 000 −   2
800 000 −   20
800 000 −   200
800 000 −   2 000
800 000 − 20 000
800 000 − 200 000

d)
765 000 −   5
765 000 −   50
765 000 −   ___
_____ − _____
_____ − _____
_____ − _____

③ a)
900 000 − 600 000
950 000 − 600 000
952 000 − 600 000
952 800 − 600 000

b)
876 967 −   6
876 967 − 60 000
876 967 −   600
876 967 − 6 000

c)
750 000 − 50 000
705 000 − 50 000
700 005 − 50 000
700 050 − 50 000

d)
656 545 − 230 000
656 545 − 235 000
656 545 − 235 100
656 545 − 235 140

④ Super-Päckchen! Was fällt dir auf?

a)
864 326 − 200 000
864 328 − 200 002
864 348 − 200 022
864 548 − _____
_____ − _____

b)
983 538 − 40 004
963 538 − 60 004
943 538 − 80 004
_____ − _____
_____ − _____

c)
900 000 − 880 000
900 000 − 770 000
_____ − 660 000
_____ − _____
_____ − _____

d) Erfinde ein eigenes Super-Päckchen.

⑤ Zahlenrätsel. Wie heißen die Zahlen?

> Meine Zahl ist um 10 000 kleiner als 865 000.   Maria

> Wenn ich von meiner Zahl 100 000 subtrahiere, erhalte ich 32 457.   Ali

> Die Differenz zwischen meiner Zahl und 651 300 beträgt 20 000.   Naomi

1–5 Einsichten in das Stellenwertsystem vertiefen und nutzen

E▶22 AH▶22 A▶22

Halbschriftlich addieren und subtrahieren

1 Rechenkonferenz

$$30\,600 + 25\,700$$

$$
\begin{aligned}
30\,600 + 25\,700 &= 56\,300 \\
30\,600 + 20\,000 &= 50\,600 \\
50\,600 + 5\,000 &= 55\,600 \\
55\,600 + 700 &= 56\,300
\end{aligned}
$$

Ich addiere schrittweise.

$$
\begin{aligned}
30\,600 + 25\,700 &= 56\,300 \\
30\,000 + 25\,000 &= 55\,000 \\
600 + 700 &= 1\,300
\end{aligned}
$$

Ich zerlege beide Summanden geschickt.

$$68\,400 - 7\,800$$

$$
\begin{aligned}
68\,400 - 7\,800 &= 60\,600 \\
68\,400 - 7\,000 &= 61\,400 \\
61\,400 - 800 &= 60\,600
\end{aligned}
$$

Am Rechenstrich kann ich mir die Schritte gut vorstellen.

$$
\begin{aligned}
68\,400 - 7\,800 &= 60\,600 \\
68\,400 - 8\,000 &= 60\,400 \\
60\,400 + 200 &= 60\,600
\end{aligned}
$$

2 Rechne mit deinem Rechenweg.

a)
$32\,200 + 12\,900$
$24\,000 + 51\,060$
$20\,760 + 5\,040$
$6\,080 + 82\,200$

b)
$880\,500 + 103\,000$
$198\,000 + 200\,400$
$541\,010 + 320\,000$
$706\,500 + 100\,300$

c)
$135\,000 + 47\,000$
$825\,000 + 56\,000$
$6\,500 + 98\,300$
$46\,500 + 7\,600$

d)
$80\,600 + 4\,900$
$360\,700 + 100\,500$
$88\,300 + 20\,600$
$256\,300 + 82\,600$

3 Schrittweise subtrahieren – so geht es immer. Rechne im Heft.

S. 4 4 ,	Nr. 3											
a)	6	8	5	0	0	–	6	4	0	0	=	6 2 1 0 0
	6	8	5	0	0	–	6	0	0	0	=	6 2 5 0 0
	6	2	5	0	0	–		4	0	0	=	6 2 1 0 0

a)
$68\,500 - 6\,400$
$37\,400 - 8\,700$
$99\,650 - 8\,400$
$51\,600 - 5\,050$
$19\,008 - 4\,004$
$83\,760 - 2\,680$

b)
$1\,000\,000 - 25\,000$
$198\,400 - 27\,000$
$246\,000 - 10\,400$
$555\,000 - 50\,500$
$643\,070 - 13\,000$
$369\,000 - 42\,100$

4 Zahlenmauern. Bei welchen Aufgaben notierst du deine Rechenschritte?

a)

21 800 | 400 | 1 100 | 38 000

b)

5 100 | 2 300 | 1 200 | 6 000

c)

49 500 | 45 500
1 700 | 44 700

1–3 Große Zahlen geschickt zerlegen und schrittweise addieren und subtrahieren;
4 Vollziehen der Rechenschritte zum Ausfüllen der Zahlenmauern im Kopf oder mit Notation der Zwischenschritte

E ▶ 23 | AH ▶ 23 | A ▶ 23

Schriftlich addieren

① Schreibe die Zahlen stellengerecht untereinander. Addiere schriftlich.
Tipp: Alle Ergebnisse haben die gleiche Quersumme. Wie groß ist sie?

a) 356 111 + 603 589
    221 806 + 57 269
    96 658 + 398 678

b) 69 344 + 21 800 + 14 753
    34 012 + 50 042 + 84 105
    32 156 + 18 500 + 905 759

c) 471 112 +   6 666 + 77 777
    31 515 + 79 651 + 240 809
    444 300 + 22 200 + 532 800

② `0 1 2 3 4 5 6 7 8 9`

Bilde aus den Ziffernkarten zwei fünfstellige Zahlen.
Du darfst jedes Kärtchen nur einmal benutzen.

a) Addiere beide Zahlen schriftlich.

b) Bilde Aufgaben mit einer Summe möglichst nahe an 100 000.
Kannst du 100 000 genau treffen?

c) Finde die Aufgabe mit der größten Summe. Findest du mehrere?

d) Welches ist das kleinstmögliche Ergebnis?

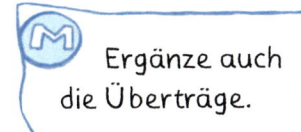

Quersumme von 123 456 ist
$1 + 2 + 3 + 4 + 5 + 6 = 21$.

S. 45, Nr. 2

a)
```
    9 8 6 7 1
  + 5 4 3 2 0
      1
  1 5 2 9 9 1
```

③ Ergänze die fehlenden Ziffern so, dass die Rechnung stimmt.

a)   6☐67
  + 3218☐
  ——————
  ☐74☐0

b)   96315
  + ☐☐☐☐☐
  ——————
  138169

c)   ☐4365
  + 3☐4☐☐
  ——————
  1☐9☐08

d)   1☐☐567
  + ☐95☐☐☐
  ——————
  1000000

Ⓜ Ergänze auch die Überträge.

④ Überprüfe, welche Kinder Fehler gemacht haben.
Beschreibe die Fehler und rechne die Aufgaben richtig im Heft.

Das sind häufige Fehler.

A Übertrag vergessen
```
   64382
 + 81594
  145876
```
Lena

B falsch addiert
```
   986431
 + 40659
   1 1 1
  1393021
```
Alex

C falsch untereinander geschrieben
```
   764321
 + 146431
    1 1
   910751
```
Ali

```
   73156
 + 25917
     1
   98074
```
Nele

✏ ⑤ Jagd auf 100 000

1. Würfelt mit einem Würfel und entscheidet, an welcher Stelle die gewürfelte Zahl stehen soll.
2. Würfelt abwechselnd, bis ihr zwei fünfstellige Zahlen erwürfelt habt.
3. Addiert die beiden fünfstelligen Zahlen.
4. Gewonnen hat derjenige mit der Summe möglichst nahe an 100 000. Wenn deine Summe größer als 100 000 ist, hast du verloren.

1–5 Anwenden der schriftlichen Addition im Zahlenraum bis 1 000 000;
2, 5 Einsichten in das Rechnen mit Ziffern vertiefen und nutzen; **4** Häufige Fehler erkennen, beschreiben und berichtigen

45

E▶23   AH▶23   A▶23

Schriftlich subtrahieren

① Schreibe die Zahlen stellengerecht untereinander. Subtrahiere schriftlich.
Was fällt dir an den Quersummen der Ergebnisse auf?

a) 963 021 − 315 789
   971 838 − 106 518
   111 100 − 44 440

b) 862 356 − 306 815
   1 000 000 − 126 759
   810 979 − 73 656

c) 100 000 −   1 289
   904 047 − 896 479
   20 084 − 10 401

d) 100 000 −   9 091
   991 016 − 108 674
   611 115 − 55 563

②  `0 1 2 3 4 5 6 7 8 9`

Bilde aus den Ziffernkarten zwei fünfstellige Zahlen.
Du darfst jedes Kärtchen nur einmal benutzen.

a) Subtrahiere beide Zahlen schriftlich.

b) Bilde Aufgaben mit einer Differenz zwischen 80 000 und 100 000.

c) Finde Aufgaben mit einer Differenz kleiner als 1000.

d) Findest du die Aufgabe mit dem kleinsten Ergebnis?

e) Welche Aufgabe hat das größte Ergebnis?

> Natürlich die kleinere Zahl von der größeren subtrahieren!

③ Ergänze die fehlenden Ziffern und Überträge.

a)   1□83□
   − 9□□2
   ───────
     3415

b)   61825
   −□□□□□
   ───────
     3064

c)   □□9□76
   − 8294□
   ───────
     2□8□1

d)   □6□093
   −□98□□5
   ───────
     1□290□

e)   □□□□□□
   −483694
   ───────
     20130

f)   □47□10
   −2□07□6
   ───────
     35□32□

④ ANNA-Zahlen

a) Warum werden diese Zahlen ANNA-Zahlen genannt?

b) Notiere weitere ANNA-Zahlen. Findest du alle?

c) So kannst du ANNA-Aufgaben bilden:
   Wähle eine ANNA-Zahl. Bilde aus den gleichen Ziffern die andere mögliche ANNA-Zahl.
   Subtrahiere die kleinere von der größeren Zahl.

> Meine Zahlen sehen immer so aus:
> 3553   9119   6006
> 8778

   9889   6446   7667   9559   4224
   −8998   −4664   −6776   −□□□□   −□□□□
   ─────   ─────   ─────   ─────   ─────

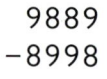

d) Berechne weitere ANNA-Aufgaben. Was fällt dir auf?

e) Schreibe deine Ergebnisse aus c) und d) der Größe nach geordnet auf.
   Untersuche die Ergebnisse zusammen mit deinem Partner.
   Fällt euch etwas auf?

f) Findest du weitere ANNA-Aufgaben mit dem Ergebnis 891?

> Hier gibt es viel zu entdecken.

⑤ Untersuche auch MOMO-Zahlen wie in Aufgabe **④**.   `1212` `8989` `2020` `7373`

1–5 Anwenden der schriftlichen Subtraktion im Zahlenraum bis 1 000 000; 2, 3 Einsichten in das Rechnen mit Ziffern vertiefen und nutzen; 4 Besonderheiten bei der Subtraktion von ANNA-Zahlen beschreiben

E▶24 AH▶24 A▶24

Im Kopf oder schriftlich rechnen?

1

Ich rechne im Kopf 120 440 + 15 000.

120 442 + 14 998   51 688 – 10 000

186 545 – 186 539   210 000 + 430 000

36 247 + 2 000   987 654 – 3 145

1 000 000 – 499 999

Ich weiß: 21 + 43 = 64

Ich ziehe einfach 500 000 ab und addiere 1 zum Ergebnis.

Die Zahlen liegen so dicht zusammen. Ich ergänze im Kopf.

Ich rechne nur ganz wenige schriftlich.

Die Aufgabe kann ich schon im Kopf rechnen.

Welches Kind rechnet welche Aufgabe?

Erkläre, warum man einige Aufgaben schneller im Kopf rechnen kann.

2 Rechne geschickt. Notiere deinen Rechenweg.

a) 17 998 + 12 402
249 999 + 300 401
   8 990 +   9 010
 26 305 + 13 995

b) 76 998 + 22 500
43 999 + 34 200
52 400 + 25 997
22 800 + 63 995

c) 694 602 – 694 598
500 020 – 499 990
 18 002 – 17 990
 76 516 – 76 508

Ⓜ 76 998 + 22 500 = ____
77 000 + 22 500 = __
____ –   2 = __

694 602 – 694 598 =
694 598 + __ = 694 602

3

SCHRIFTLICH   IM KOPF

Ich überlege immer, was schneller geht!

4 986 + 1 000   386 454 – 30 000

976 531 + 28 945   358 379 – 358 369

100 001 – 54 999   80 998 + 1 002

39 998 – 30 004   964 341 – 589 320   150 000 + 24 999

78 604 – 39 935   631 579 + 248 103   17 007 – 6 007

36 500 – 36 500   630 000 – 420 000   12 606 – 8 606

a) Notiere zuerst die Aufgaben, die du schneller im Kopf rechnest, mit ihrem Ergebnis.

b) Berechne nun die übrigen Aufgaben schriftlich.

4 Notiere Aufgaben, die du im Kopf lösen kannst. Stelle in der Klasse vor, wie du rechnest.

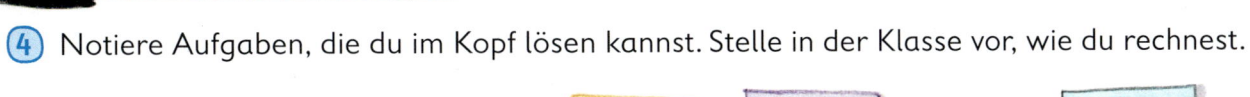
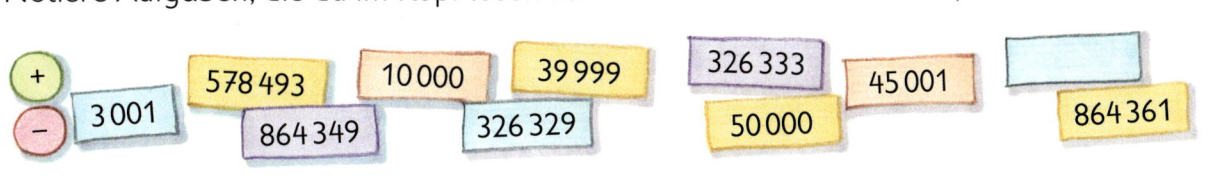

+   578 493   10 000   39 999   326 333   45 001

–   3 001   864 349   326 329   50 000   864 361

1, 2 Strategien des geschickten Kopfrechnens wiederholen; **3** Aufgaben untersuchen und individuell entscheiden, ob eine Lösung im Kopf möglich ist; **4** Gewonnene Einsichten nutzen; Kopfrechenstrategien vorstellen

47

E▶24 AH▶24 A▶24

Schriftliche Addition und Subtraktion

① Schriftliche Addition mit 3 Summanden und mehr.
Bilde den Überschlag! Berechne die Summe!

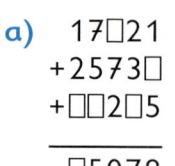

S. 4 8 ,		Nr.	1			
a)		Ü: 6	2	0	0	0
			1	7	3	7	2
		+ 3	7	0	8	8
		+		2	6	0	4
						1	
							4

a) 17372 + 37008 + 2604
3478 + 75137 + 11388

b) 7841 + 25025 + 19199
26349 + 7134 + 40011

c) 408 + 11432 + 5607 + 1139
31751 + 18238 + 7149 + 2522

Einfach schriftlich rechnen!

18586   52065   56984   58684   59660   73494   90003

② Ergänze!

a)
```
  17□21
+ 2573□
+ □□2□5
───────
 □5078
```

b)
```
  75436
+ 1□342
+ □422□
───────
 100000
```

c)
```
  61111
+ □4□5□
+ 1□8□8
───────
 88888
```

d)
```
 □□□□□
+12345
+54321
──────
123456
```

③ Schriftliche Subtraktion mit 2 Subtrahenden

a)
```
 88789
-31032
-16757
──────
```

b)
```
 24678
-10417
- 7111
──────
```

c)
```
 34666
-12411
-12055
──────
```

d)
```
 99999
-13000
-21774
──────
```

e)
```
 28134
- 3310
-15403
──────
```

f)
```
 80000
-12405
-11240
- 4124
──────
```

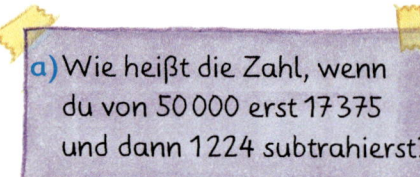

7150   9421   10200   41000   52231   53047   65225

④ Rechenzettel

a) Wie heißt die Zahl, wenn du von 50000 erst 17375 und dann 1224 subtrahierst?

b) Subtrahiere von 30000 erst 12479 und dann 7521!

c) Die Differenz beträgt 44444. Die Subtrahenden sind 12354 und 2105. Berechne den Minuenden!

⑤ Bilde Subtraktionsaufgaben mit 3 Zahlen.
Das Ergebnis soll

a) kleiner als 10000 sein,

b) größer als 50000 sein!

97431   28074   16680   46734   11963   9567   6791

48

1 Summe 20

a) Verteile die Zahlen von 1 bis 9 so auf die Kästchen, dass die Summe der vier Zahlen auf jeder Dreiecksseite 20 ist.

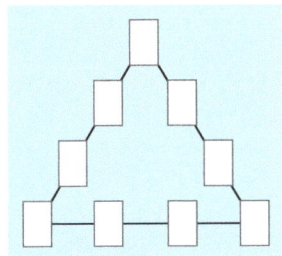

b) Finde eine Lösung mit der größtmöglichen (kleinstmöglichen) Summe.

Probiere mit den Ziffernkärtchen.

2 Keine Nachbarzahlen

a) Verteile die Zahlen von 1 bis 8 so auf die Kästchen, dass keine Nachbarzahlen miteinander verbunden sind.

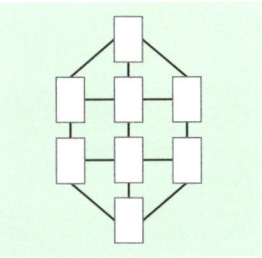

b) Findest du verschiedene Lösungen?

3 Gleichmäßig verteilen

Auf einem Tisch stehen 15 Gläser. 5 Gläser sind voll gefüllt, 5 sind halbvoll. Die restlichen Gläser sind leer.
Alle Gläser sollen so auf 3 Tabletts verteilt werden, dass auf jedem Tablett gleich viele Gläser stehen.
Außerdem soll die Flüssigkeitsmenge auf jedem Tablett gleich sein.
Geht das, ohne etwas umzufüllen?
Probiere. Eine Zeichnung kann dir helfen.

4 Über alle Brücken musst du gehen

Im Museumsdorf gibt es einen Bachlauf mit 5 Brücken.
Bei einem Rundgang sollst du jede Brücke genau einmal benutzen.
Wo muss eine weitere Brücke gebaut werden, damit das gelingt?
Fertige eine Skizze an.

5 Tunnelbau

Ein Autotunnel von 480 m Länge wird von beiden Seiten gleichzeitig gebaut.
Auf der einen Seite schafft man 3 m an einem Tag.
Auf der anderen Seite sind es 5 m.
Was willst du wissen?
Wie findest du es heraus?

Sachrechnen – Große Fußballstadien

München
WM 2006: 60 000 Plätze /
Bundesliga: 66 000 Plätze

Berlin
76 065 / 76 065

Köln
46 134 / 50 997

Kaiserslautern
46 615 / 58 500

Stuttgart
53 198 / 55 896

Nürnberg
40 000 / 40 000

① Zahlen zur Weltmeisterschaft 2006 in Deutschland
Schreibe Rechnungen und Antworten in dein Heft.

a) Ordne die Stadien nach der Anzahl ihrer
Zuschauerplätze bei der WM.
Beginne mit dem kleinsten Stadion.

b) Bestimme die Anzahl der Zuschauerplätze
während der WM in Bayern.

c) Wie viel mehr Sitzplätze gab es während
der WM in den Spielstätten Nordrhein-Westfalens
als in den beiden Stadien Bayerns?

d) Wie viele Zuschauerplätze gab es während der WM in allen Stadien zusammen?

e) Wie groß war die Differenz der Zuschauerplätze
des kleinsten und des größten Stadions der WM?

f) Weißt du, warum sich die Anzahl der Plätze bei
den WM-Spielen und bei Bundesligaspielen unterscheidet?

② Zuschauerplätze in einigen Stadien der Bundesliga

	München	Stuttgart	Frankfurt	Köln	Dortmund	Berlin	Gelsenkirchen
Plätze insgesamt	66 000	55 896	52 300	50 997	81 264	76 065	61 482
Sitzplätze		51 709	43 000			76 065	53 951
Stehplätze	13 600			4 863	27 589		

a) Übertrage die Tabelle in dein Heft. Berechne die fehlenden Angaben.

b) Bestimme die Anzahl aller Sitzplätze in den genannten Stadien.

c) Wie viel mehr Fans können ein Spiel in Dortmund sehen als in Berlin?

d) Wie viele Spieltage müssen in Frankfurt ausverkauft sein,
bis ungefähr 1 000 000 Karten verkauft sind?

1, 2 Schriftlich oder im Kopf im Zahlenraum bis 1 000 000 addieren und subtrahieren;
2 Informationen aus der Tabelle entnehmen, Tabelle ergänzen

E ▶ 26   AH ▶ 26   A ▶ 26

Frankfurt am Main
48 000 / 52 300

Dortmund
66 000 / 81 264

Hannover
45 000 / 49 800

Gelsenkirchen
53 334 / 61 482

Leipzig
44 345 / –

Hamburg
50 000 / 55 000

Fußball-Weltmeisterschaften

Jahr	Land	Zuschauer	Spiele
1930	Uruguay	434 500	18
1934	Italien	395 000	17
1938	Frankreich	483 000	18
1950	Brasilien	1 337 000	22
1954	Schweiz	943 000	26
1958	Schweden	868 000	35
1962	Chile	776 000	32
1966	England	1 614 677	32
1970	Mexiko	1 673 975	32
1974	Deutschland	1 774 022	38
1978	Argentinien	1 610 215	38
1982	Spanien	1 856 277	52
1986	Mexiko	2 407 431	52
1990	Italien	2 527 348	52
1994	USA	3 568 567	52
1998	Frankreich	2 859 234	64
2002	Korea / Japan	2 724 604	64
2006	Deutschland	3 367 000	64

③ Zuschauerzahlen bei Fußball-Weltmeisterschaften

a) Berechne den Unterschied der Zuschauerzahlen bei der WM 1974 und bei der WM 2006 in Deutschland.

b) Um wie viel stieg die Anzahl der Zuschauer von 2002 zu 2006?

c) Überlege dir eigene Fragen zu der Tabelle und notiere sie.
Stelle sie anschließend einem anderen Kind.

④

Camp Nou
Barcelona (Spanien)
98 772 Plätze,
davon 20 000 überdacht

a) Das größte Fußballstadion Europas befindet sich in Barcelona. Wie viele Plätze mehr hat es als das größte Stadion Deutschlands?

b) Das größte Fußballstadion der Welt befindet sich in Kalkutta (Indien). Es hat 120 000 Plätze.
Vergleiche mit Barcelona.

Übrigens: Lange war das Maracaña-Stadion (Brasilien) mit bis zu 200 000 Plätzen das größte Fußballstadion der Welt.
Seit einem Umbau hat es jedoch nur noch 96 000 Plätze.

⑤ Welche Stadien sind gemeint?

In mein Heimatstadion passen an einem normalen Spieltag 10 485 weniger Fans als in das Stadion von Gelsenkirchen.

Bei uns regnet es selten. Aber wenn, stehen 78 772 Fans im Regen.

Ich sitze lieber. Zum Glück gibt es bei uns im Stadion 26 086 mehr Sitzplätze als Stehplätze.

3–5 Schriftlich oder im Kopf im Zahlenraum bis 1 000 000 addieren und subtrahieren;
3 Tabelle auswerten und eigene Fragen zur Tabelle finden
E▶26 AH▶26 A▶26

51

Das kann ich schon!

① Kilometer und Meter

a) Gib alle Längenangaben in Metern an.

b) Ordne alle Längenangaben der Größe nach.

| 6,3 km | 8,060 km | $\frac{3}{4}$ km | 2 $\frac{1}{2}$ km | 0,85 km | 12 km 300 m | 0,085 km |

S.52, Nr. 1
a) 6,3 km = 6 300 m

② Meter, Zentimeter und Millimeter

Schreibe auf, welche Längenangaben gleich sind.

S.52, Nr. 2
4 m 50 cm = …

| 4 m 50 cm | 0,75 m | 2 $\frac{1}{2}$ m | 75 cm |

| 54 mm | 450 cm | 705 cm | 5,4 cm | 7,05 m | 2,50 m | 1 000 mm | 1 m |

③ Körper und Körpernetze

a) Zeichne das Würfelnetz ab. Male die am Würfel markierten Ecken mit der passenden Farbe im Netz an.

b) Zeichne ein anderes Würfelnetz. Male die Flächen, die sich im gefalteten Würfel gegenüberliegen, mit der gleichen Farbe an.

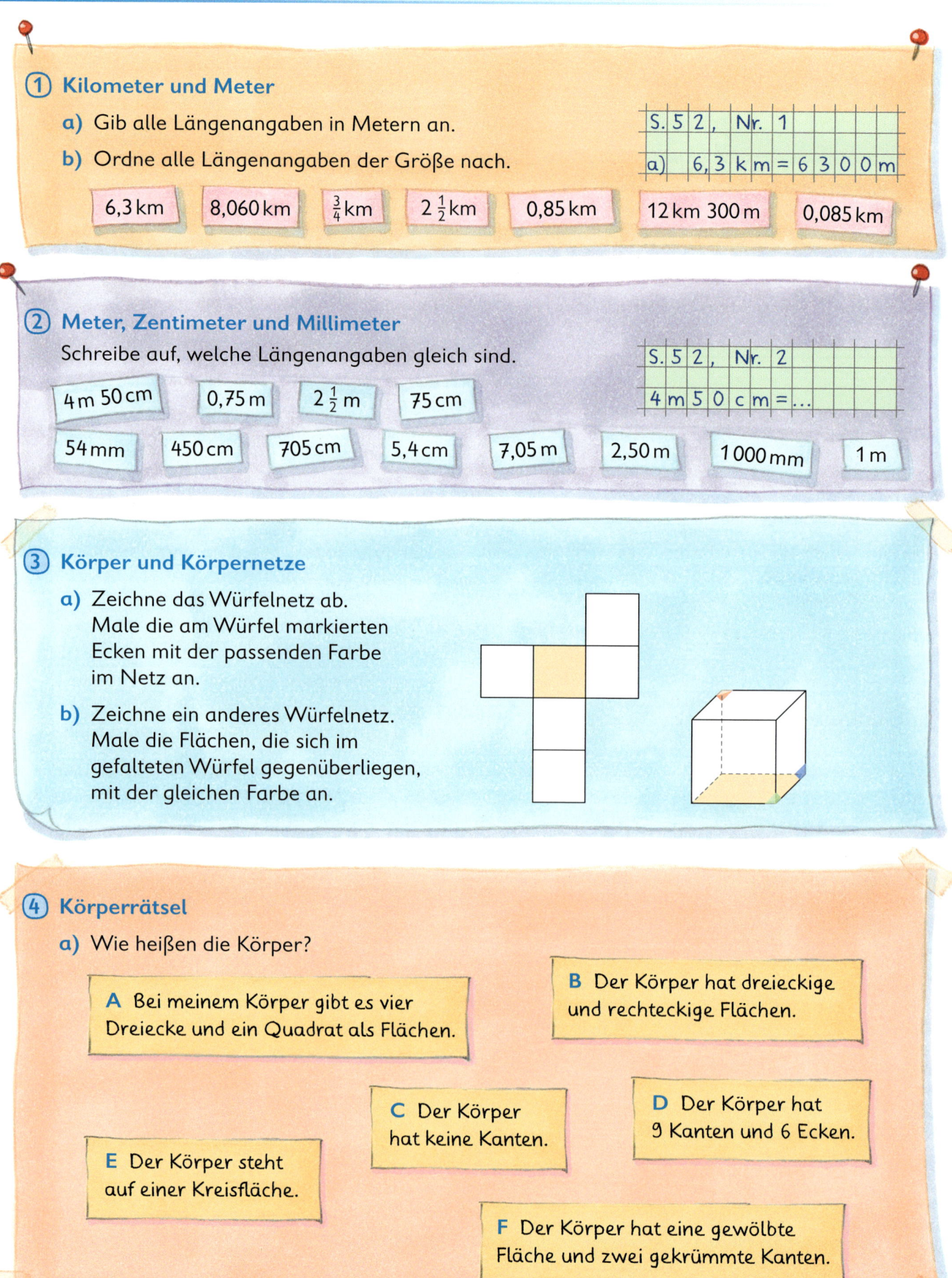

④ Körperrätsel

a) Wie heißen die Körper?

A Bei meinem Körper gibt es vier Dreiecke und ein Quadrat als Flächen.

B Der Körper hat dreieckige und rechteckige Flächen.

C Der Körper hat keine Kanten.

D Der Körper hat 9 Kanten und 6 Ecken.

E Der Körper steht auf einer Kreisfläche.

F Der Körper hat eine gewölbte Fläche und zwei gekrümmte Kanten.

b) Schreibe eigene Körperrätsel.

1 Längenangaben umwandeln und ordnen; **2** Gleiche Längenangaben finden; **3** Falten der Netze in der Vorstellung, Lösungen in die Netze einzeichnen

E▶27 A▶27

⑤ In der Stellentafel

HT	ZT	T	H	Z	E
∴∙	∴∙	∙∙	∙∙	∴∙∙	∴∙

a) Wie heißt die Zahl?

b) Lege 2 Plättchen in einer Spalte dazu. Welche Zahlen können entstehen?

c) Nimm 2 Plättchen aus einer Spalte weg. Welche Zahlen können entstehen?

d) Du darfst 2 Plättchen in der Tabelle umlegen.
Notiere die größte und die kleinste Zahl, die dabei entstehen kann.

⑥ Super-Päckchen!

Rechne. Wie geht es weiter? Was fällt dir auf?

a) 610 253 + 10 007
630 253 + 20 007
650 253 + 30 007

_____ + _____

_____ + _____

b) 768 954 − 30 004
768 954 − 40 004
768 954 − 50 004

_____ − _____

_____ − _____

c) Erfinde eigene Super-Päckchen. Beschreibe, wie sich die Zahlen verändern.

⑦ Rechenwege

Rechne mit deinem Rechenweg.

a) 40 700 + 25 800
78 500 + 12 700
145 300 + 200 600

b) 76 800 − 32 300
58 090 − 16 030
678 200 − 300 400

c) 240 881 + 16 999 + 2 120
34 802 − 22 802 − 5 500
807 400 − 102 300 − 90 300

⑧ Zahlen bilden – Schriftlich rechnen

 3 7 6 5 4

Bilde aus den Ziffern die größtmögliche und die kleinstmögliche fünfstellige Zahl.
Bilde die Summe und die Differenz der beiden Zahlen.

⑨ Fehlende Ziffern ergänzen

Ergänze die fehlenden Ziffern und die Überträge.

a)   6☐96☐
  +☐82☐9
  ———————
  96☐74

b) 18☐73☐
  − ☐3☐87
  ———————
  871☐5

c) ☐468☐3
  +1☐5☐9☐
  ———————
  38☐603

d) 704278
  −☐☐☐☐☐☐
  ———————
  314661

e) ☐38☐21
  + ☐41☐9
  ———————
  36☐90☐

5 Anzahlen der Plättchen stehen für die Ziffern einer Zahl; Anzahlen der Plättchen geschickt verändern;
8 Zahlen mit Ziffernkärtchen nach Anweisung bilden, schriftlich addieren und subtrahieren
E▸27 A▸27

53

Multiplizieren

① Rechenkonferenz

6 · 400

6 · 4H = 24H

T	H	Z	E
2	4	0	0

6 · 4 = 24

Viel zu schreiben.

Ich rechne mit Hundertern.

Das Ergebnis ist 2 400.

```
 400
+400
+400
+400
+400
+400
  2
2400
```

6 · 4 =   24
6 · 40 =   240
6 · 400 = 2 400

Erkläre, wie die Kinder rechnen.

② Multiplizieren mit Hunderterzahlen. Rechne geschickt.

Nutze das kleine Einmaleins!

a)	b)	c)	d)	e)
2 · 400	3 · 200	2 · 700	7 · 300	4 · 500
4 · 400	5 · 200	4 · 700	8 · 300	6 · 500
8 · 400	8 · 200	6 · 700	9 · 300	10 · 500

③ Multiplizieren mit Tausenderzahlen. Wie rechnest du hier?

8 · 2T = 16T

ZT	T	H	Z	E
1	6	0	0	0

a)	b)	c)	d)	e)
2 · 2000	3 · 4000	2 · 8000	7 · 5000	4 · 3000
4 · 2000	5 · 4000	4 · 8000	8 · 5000	6 · 3000
8 · 2000	8 · 4000	6 · 8000	9 · 5000	10 · 3000

④
a)

· 600 →	
2	
4	
6	
8	
10	

b)

· 800 →	
3	
6	
7	
	6 400
	7 200

c)

· 7000 →	
2	
4	
6	
8	
10	

d)

· 6000 →	
3	
5	
7	
	48 000
	54 000

e)

· 9000 →	
	27 000
4	
	45 000
6	
	72 000

⑤ Bilde Aufgaben, deren Ergebnis mindestens 2 000 und höchstens 3 000 beträgt.

200   · 6   500   · 5   · 8   700

300   · 4   600   · 7

1 Rechenkonferenz; 2–4 Rechnen mit dem eigenen Rechenweg,
Nutzen von Beziehungen innerhalb der Päckchen hilft beim Rechnen
E ▶ 28   AH ▶ 27   A ▶ 28

6 Rechne.

a) 4 · 6
4 · 60
4 · 600
4 · 6000
4 · 60000

b) 3 · 7
3 · 70
3 · 700
3 · 7000
3 · 70000

c) 5 · 9 + 5
5 · 90 + 50
5 · 900 + 500
5 · 9000 + 5000
5 · 90000 + 50000

d) 7 · 8 − 8
7 · 80 − 80
7 · 800 − 800
7 · 8000 − 8000
7 · 80000 − 80000

7 <, > oder = ?

a) 2 · 70   1400
2 · 7000   1400
2 · 70000   13000
2 · 700   200400

b) 6 · 300   180
6 · 30   180
6 · 3000   15000
6 · 30000   180000

c) 4 · 80   80 · 4
4 · 80000   40 · 8
4 · 800   40 · 80
4 · 8000   400 · 8

8 Viele Nullen! Beginne immer mit der leichtesten Aufgabe.

a)

	HT	ZT	T	H	Z	E
4 · 60				2	4	0
40 · 60			2	4	0	0
400 · 60		2	4	0	0	0
4000 · 60	2	4	0	0	0	0

Ich rechne 4 · 60 und dann mal 10.

40 · 60 = 10 · 4 · 60

b) 2 · 90
20 · 90
200 · 90
2000 · 90

c) 5 · 70
50 · 70
500 · 70
5000 · 70

d) 800 · 30
80 · 30
8 · 30
8000 · 30

e) 7000 · 60
70 · 60
700 · 60
7 · 60

f) 100 · 80
1000 · 80
10 · 80
1 · 80

9 Achte auf die Nullen!

a) 20 · 90
30 · 40
40 · 70
80 · 60

b) 600 · 50
500 · 70
300 · 40
100 · 90

c) 400 · 4
900 · 8
600 · 2
700 · 3

d) 2000 · 90
6000 · 50
8000 · 60
4000 · 70

e) 500 · 700
900 · 600
400 · 300
700 · 200

10 Finde alle passenden Aufgaben.

a) **240000**
4 · 60000
40 · 6000
_____ · _____
_____ · _____
40000 · _____

b) **560000**
_____ · _____
_____ · _____
700 · 800
_____ · _____
_____ · _____

c) **420000**
_____ · _____
_____ · _____
_____ · _____
_____ · _____
60000 · _____

d) **360000**
_____ · _____
_____ · 4000
_____ · _____
_____ · _____
_____ · _____

6–10 Multiplizieren größerer Stufenzahlen, Nutzen von Analogien; 8 Als Hilfe für den Umgang mit den Nullen kann eine Stellentafel genutzt werden: Durch Multiplikation mit 10 rücken alle Ziffern in der Stellentafel um eine Stelle nach links
E▶28 AH▶27 A▶28

55

Schriftlich multiplizieren

①

T	H	Z	E		
2	4	3	2	·	4
			8		

T	H	Z	E		
2	4	3	2	·	4
		2	8		

T	H	Z	E		
2	4	3	2	·	4
	7	2	8		

T	H	Z	E		
2	4	3	2	·	4
9	7	2	8		

$4 \cdot 2E = 8E$
Schreibe 8.

$4 \cdot 3Z = 12Z$
Schreibe 2.
Merke 1H.

$4 \cdot 4H = 16H$
$16H + 1H = 17H$
Schreibe 7.
Merke 1T.

$4 \cdot 2T = 8T$
$8T + 1T = 9T$
Schreibe 9.

Erkläre, wie Super M rechnet.

② Multipliziere schriftlich. Hier gibt es keinen Übertrag.

a) $4342 \cdot 2$
$3131 \cdot 3$
$1221 \cdot 4$
$2312 \cdot 2$
$3233 \cdot 3$

b) $1432 \cdot 2$
$2133 \cdot 3$
$1323 \cdot 3$
$2212 \cdot 4$
$2112 \cdot 4$

S.	5	6	,	Nr.	2		
a)		T	H	Z	E		
		4	3	4	2	·	2
			8	6	8	4	

Die Merkzahl ist der Übertrag.

2864   3969   4624   4752   4884   6399   8448   8684   8848   9393   9699

③ Hier gibt es einen Übertrag.

a) $1218 \cdot 4$
$9423 \cdot 2$

b) $1121 \cdot 8$
$8111 \cdot 6$

c) $1161 \cdot 5$
$9111 \cdot 7$

d) $11922 \cdot 4$
$52121 \cdot 3$

e) $12532 \cdot 3$
$92412 \cdot 2$

4872   5805   8968   18846   19333   37596   47688   48666   63777   156363   184824

④ Hier können es auch mehrere Überträge sein.

a) $263 \cdot 3$
$1614 \cdot 6$
$6132 \cdot 4$

b) $224 \cdot 4$
$2468 \cdot 3$
$3579 \cdot 5$

c) $436 \cdot 6$
$9562 \cdot 7$
$1743 \cdot 8$

d) $1378 \cdot 4$
$26347 \cdot 5$
$34762 \cdot 7$

e) $1919 \cdot 5$
$62725 \cdot 3$
$99999 \cdot 9$

789   896   2616   5512   7404   9595   9684   10248   13944   17895   24528   66934   131735   188175   243334   899991

⑤ Multipliziere. Achte besonders auf die Nullen.

a) $2407 \cdot 2$
$4062 \cdot 8$
$4290 \cdot 7$
$8100 \cdot 6$

b) $3026 \cdot 3$
$2007 \cdot 9$
$14070 \cdot 6$
$23402 \cdot 4$

c) $5208 \cdot 5$
$7090 \cdot 6$
$30471 \cdot 8$
$26009 \cdot 7$

S.	5	6	,	Nr.	5		
a)		T	H	Z	E		
		2	4	0	7	·	2
			4	8	1	4	

$2 \cdot 0Z = 0Z$
$0Z + 1Z = 1Z$
Schreibe 1.

4814   9078   18063   24316   26040   30030   32496   42540   48600   84420   93608   182063   243768

1–4 Kennenlernen und Üben der schriftlichen Multiplikation; Methoden zum Behalten des Übertrags (Merkzahl) besprechen; 5 Umgang mit der Null im 1. Faktor besprechen

E▶29   AH▶28   A▶29

6 Überschlage zuerst. Rechne dann genau.

S.	5	7	,	Nr.	6		
a)	Ü:	3	0	0	0	· 3 = 9 0 0 0
			2	9	1	3	· 3
				8	7	3	9

Zuerst der Überschlag mit einer Zahl in der Nähe von 2 913, mit der ich einfach rechnen kann.

Der Überschlag hilft, Rechenfehler zu erkennen! Kontrolliere auch die Endstelle der Ergebniszahl.

a)	2 913 · 3	b)	3 741 · 3	c)	15 362 · 2	d)	29 708 · 6
	4 843 · 7		8 096 · 4		20 546 · 9		48 234 · 3
	7 425 · 8		6 318 · 6		41 642 · 4		97 019 · 7
	5 114 · 9		2 406 · 3		32 123 · 6		41 802 · 5

7 In jedem Päckchen sind zwei Produkte falsch berechnet.
Finde sie durch Überschlagen. Berechne diese Produkte richtig.

a)
2 046 · 7 = 19 222
3 279 · 4 = 13 116
5 714 · 5 = 24 570
7 438 · 3 = 22 314

b)
8 096 · 6 = 48 576
4 925 · 8 = 31 400
3 106 · 9 = 27 954
11 782 · 3 = 32 346

c)
29 789 · 7 = 308 523
80 235 · 4 = 320 940
106 428 · 5 = 532 140
291 452 · 3 = 780 356

8 Prüfe, welche Fehler beim Rechnen passiert sind. Löse die Aufgaben richtig in deinem Heft.

A Fehler im Einmaleins **B** Übertrag vergessen **C** Übertrag in das Ergebnis geschrieben

a)	1 853 · 6	b)	5 298 · 4	c)	3 706 · 5	d)	8 149 · 3	e)	6 081 · 8
	11 124		20 892		185 030		24 347		480 648

9 Immer zwei Aufgaben haben das gleiche Ergebnis. Findest du sie, ohne schriftlich zu rechnen?

A 4 024 · 6   **B** 12 468 · 3   **C** 15 495 · 6   **D** 9 777 · 7   **E** 30 105 · 9

F 18 594 · 5   **G** 22 813 · 3   **H** 3 018 · 8   **I** 90 315 · 3   **J** 18 702 · 2

10 Bilde Aufgaben, deren Ergebnis mindestens 30 000 und höchstens 40 000 beträgt.

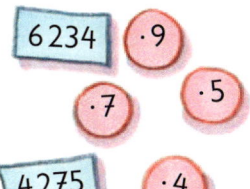

6 234   · 9
· 7   · 5
4 275   · 4

8 414   · 3   5 768

3 927   · 6   12 346

6 Erkennen, dass mit Hilfe des Überschlags (Stellenwert-)Fehler beim schriftlichen Rechnen entdeckt werden können;
7 Überschlag nutzen, um Fehler zu finden; **8** Nachvollziehen der schriftlichen Rechnungen, Fehler zuordnen;
E▶29 AH▶28 A▶29 9, 10 Überschlag nutzen

57

Schriftlich multiplizieren mit großen Zahlen

①

473 · 40

Vergleiche die Rechnungen von Eva und Ali.

② Überschlage zuerst. Rechne dann wie Ali.

S. 58, Nr. 2

a) Ü: 600 · 40 = 24000

    628 · 40
    25120

a)	b)	c)
628 · 40	3796 · 50	12086 · 30
279 · 60	2207 · 70	28417 · 80
593 · 80	7183 · 90	51802 · 50
831 · 30	6305 · 40	82319 · 60

③ Rechne. Ergänze die fehlenden Zahlen so, dass beide Aufgaben das gleiche Ergebnis haben.

a)	b)	c)	d)	e)
516 · 30	1008 · 40	642 · 20	1424 · 30	8264 · 20
258 · 60	504 · 80	321 · __	712 · __	4132 · __

④

473 · 43

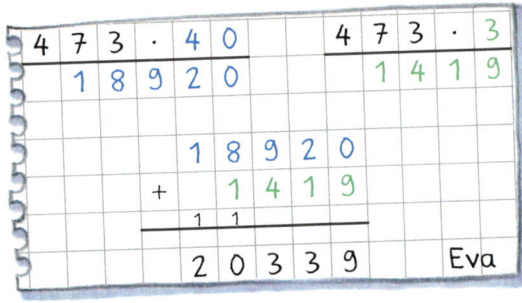

Gleiche Zwischenergebnisse!

Erkläre, wie Eva und Ali hier gerechnet haben.

⑤ Überschlage. Rechne schriftlich wie Ali.

a)	b)	c)	d)	e)
743 · 22	537 · 54	8564 · 19	9025 · 27	16492 · 31
632 · 35	821 · 81	4147 · 23	3727 · 42	28163 · 52
385 · 73	303 · 42	2741 · 34	7048 · 74	82603 · 61
407 · 67	482 · 96	5362 · 46	6382 · 65	99999 · 99

⑥ Rechne. Die Tauschaufgabe kann dir helfen.

a)	b)	c)	d)	e)
7415 · 60	5026 · 48	36 · 1207	4691 · 80	7937 · 11
2184 · 18	63 · 2609	3816 · 26	72 · 9341	8290 · 22

1 Schriftliches Multiplizieren mit Zehnerzahlen; **4** Schriftliches Multiplizieren mit gemischten zweistelligen Zahlen;
6 Die Rechnung wird kürzer, wenn der zweite Faktor der kleinere ist

E▶30 AH▶29 A▶30

7 Schöne Ergebnisse. Setze fort.

a)
13 · 77
26 · 77
39 · 77
⋮
78 · 77

b)
1212 · 99
2323 · 99
3434 · 99
⋮
6767 · 99

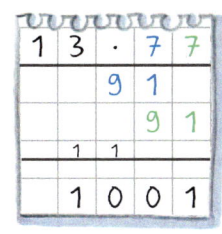

Kurzform:
```
1 3  ·  7 7
        9 1
      9 1
    1 1
    1 0 0 1
```

Die 0 oben kannst du weglassen. Beginne mit dem Schreiben unter der Ziffer, mit der du multiplizierst.

8 Rechne. **Tipp:** Immer drei Aufgaben haben das gleiche Ergebnis.

712 · 32   496 · 12   1860 · 5   1684 · 25   1424 · 16   2105 · 20

256 · 89   248 · 24   930 · 10   124 · 48   842 · 50   372 · 25

9
```
4 7 3  ·  2 4 3
    9 4 6
  1 8 9 2
    1 4 1 9
  1 1
1 1 4 9 3 9
```

Auch bei großen Zahlen: Beginne mit dem Schreiben unter der Ziffer, mit der du multiplizierst.

a)
473 · 243
819 · 626
297 · 347
506 · 452
307 · 817
414 · 414

b)
1622 · 169
2817 · 213
3251 · 218
6024 · 123
5203 · 186
2621 · 362

10 a) Erkläre.

```
4 7 3  ·  2 0 3
    9 4 6
    0 0 0
    1 4 1 9
    1
    9 6 0 1 9
```
Die Reihe mit den Nullen kann ich weglassen.

```
4 7 3  ·  2 3 0
    9 4 6
  1 4 1 9
    0 0 0
    1
1 0 8 7 9 0
```
Die Null am Ende ist wichtig.

b) Rechne.

287   849   1635   6221   ●   407   470   306   360

11 Welche Fehler wurden gemacht? Ordne zu. Rechne im Heft richtig.

```
5 4 3  ·  4 7
  2 1 7 2
  3 8 0 1
  1
2 5 4 2 1
       Maria
```

```
7 2 1  ·  6 4
    4 3 2 6
    2 8 8 4
  1 1 1
    7 2 1 0   Lea
```

```
4 2 6  ·  3 8 0
    1 2 7 8
    3 4 0 8
      1
    1 6 1 8 8   Tim
```

```
2 1 9  ·  8
  1 6 8 2   Max
```

```
3 8 6  ·  4
1 5 4 8   Vedat
```

A Übertrag vergessen

B Null am Ende vergessen

C Multiplikationsfehler

D Additionsfehler

E falsch untereinandergeschrieben

7 Verkürzte Schreibweise durch Weglassen der Null, stellengerechtes Aufschreiben thematisieren;
9 Schriftliches Multiplizieren mit dreistelligen Zahlen; **10** Umgang mit der Null im zweiten Faktor thematisieren
E▶30 AH▶29 A▶30

59

Im Kopf oder schriftlich rechnen?

①

Das rechne ich schnell im Kopf.

23 479 · 8   9 060 · 4
4 999 · 5
5 002 · 6   10 000 · 9

Ich multipliziere die Tausender, dann die Zehner. Dann addiere ich.

Zuerst die Tausender, dann die Einer.

Ich ergänze zum nächsten Tausender, multipliziere und subtrahiere dann 5.

Ich multipliziere schriftlich.

Die Kinder rechnen unterschiedlich. Erkläre, warum man einige Aufgaben schneller im Kopf und andere schneller schriftlich rechnen kann.

② Im Kopf oder schriftlich? Rechne möglichst einfach. Notiere deinen Rechenweg.

a)	b)	c)	d)	e)
3 333 · 2	3 999 · 6	8 764 · 1	97 215 · 4	23 000 · 3
5 555 · 9	9 699 · 8	9 999 · 7	15 001 · 5	11 998 · 4
1 111 · 7	4 070 · 7	12 842 · 5	48 732 · 10	34 028 · 6
2 222 · 4	8 633 · 4	24 010 · 3	61 400 · 4	52 000 · 5

③

SCHRIFTLICH ? ... IM KOPF

8 200 · 2	1 234 · 2	9 864 · 7
2 999 · 8	9 376 · 5	4 743 · 6
12 100 · 3	80 888 · 8	7 999 · 6
31 420 · 5	6 001 · 7	15 742 · 4
79 694 · 0	9 002 · 4	6 340 · 10

a) Suche zuerst die Aufgaben heraus, die du schneller im Kopf rechnen kannst. Notiere sie mit Ergebnis im Heft.

b) Rechne die übrigen Aufgaben schriftlich im Heft.

④ Stelle selbst Aufgaben zusammen, sortiere und rechne.

2999   12 121   · 5   24 379   · 4   7 001   im Kopf

4 567   · 9   6 262   · 8   · 7   8 002   11 111   20 202   49 999   schriftlich

1 Rechenkonferenz; **2** Geschickt im Kopf, halbschriftlich oder schriftlich rechnen; **3** Im Kopf oder schriftlich rechnen;
4 Gewonnene Einsichten nutzen; Kopfrechenstrategien vorstellen

E ▶ 31   AH ▶ 30   A ▶ 31

Multiplizieren von Kommazahlen

①

Mineralwasser Kasten 9×1ℓ **4,29 €** zzgl. 3,75€ Pfand

Apfelsaft Kasten 6×1ℓ **5,99 €** zzgl. 2,40€ Pfand

Vitaminsaft Kasten 6×1ℓ **6,29 €** zzgl. 2,40€ Pfand

Orangensaft Kasten 6×1,5ℓ **6,48 €** zzgl. 1,90 € Pfand

9 Kästen Wasser
5 Kästen Apfelsaft
2 Kästen Vitaminsaft
3 Kästen Orangensaft

Die Klasse 4 a kauft die Getränke für ihr Klassenfest ein.
Vor dem Einkauf berechnen sie die Kosten für die Getränke.

MAX

Ü:	4 € · 9 = 3 6 €
	4, 2 9 € = 4 2 9 ct
	4 2 9 ct · 9
	3 8 6 1 ct
	3 8 6 1 ct = 3 8, 6 1 €

LENA

Ü:	4 € · 9 = 3 6 €
	4, 2 9 € · 9
	3 8, 6 1 €

Überprüfe deine Rechnung mit einem Überschlag.

a) Beschreibe die Rechenwege von Max und Lena.

b) Wie viel kosten die Getränke ohne Pfand?

c) Wie viel muss die Klasse für den gesamten Einkauf mit Pfand bezahlen?

---

② Nach dem Klassenfest sind 3 Kästen Wasser und 2 Kästen Apfelsaft übrig.
Tims Mutter kauft der Klasse die restlichen Getränke ab. Auch das Pfand muss sie bezahlen.

---

③ Im Getränkemarkt will Frau Schmidt 4 Kästen Wasser und 3 Kästen Vitaminsaft für das
Lehrerzimmer besorgen. In der Lehrer-Kasse sind noch 70 Euro.

a) Überschlage, ob das Geld reicht. Denke an das Pfand.

b) Wie viel muss Frau Schmidt genau bezahlen?

---

④ Rechne schriftlich wie Lena.

a) 9,99 € · 8
12,24 € · 6
16,48 € · 3
35,25 € · 7
26,18 € · 5

b) 121,19 € · 2
630,45 € · 9
356,08 € · 4
599,10 € · 5
248,50 € · 8

c) 45,29 € · 12
53,87 € · 36
60,95 € · 28
621,09 € · 17
732,81 € · 12

S. 6 1,	Nr. 4
c)	Ü: 4 5 € · 1 0 = 4 5 0 €
	4 5, 2 9 € · 1 2
	4 5 2 9
	9 0 5 8
	1 1
	5 4 3, 4 8 €

1 Schriftliches Multiplizieren von Kommazahlen; der Überschlag hilft, das richtige Setzen des Kommas im Ergebnis der schriftlichen Rechnung zu überprüfen
E▶31 AH▶30 A▶31

Sachrechnen – Im Zoo

GIRAFFE

Lebensraum: Savanne in Afrika

Nahrung: Blätter, Gras, kleine Zweige, bis 80 kg pro Tag

Alter: bis 30 Jahre

Gewicht: bis zu 800 kg

Größe: bis zu 5,80 m hoch

AFRIKANISCHER ELEFANT

Lebensraum: Savanne südlich der Sahara

Nahrung: Gräser, Wurzeln, Äste, Früchte, bis 250 kg pro Tag

Alter: bis 70 Jahre

Gewicht: bis zu 5 000 kg

Größe: bis zu 3 m hoch

FLUSSPFERD

Lebensraum: Afrika

Nahrung: Pflanzen, bis 50 kg pro Tag

Alter: bis 40 Jahre

Gewicht: bis zu 4 500 kg

Größe: bis zu 1,50 m hoch und 4 m lang

---

① **a)** Der Zoo hat drei Elefanten.

Wie viel Kilogramm Futter braucht der Zoo an einem Tag für seine Elefanten?
Wie viel in einer Woche? Wie viel in einem Jahr?

b) Um genügend Nahrung zu sich zu nehmen, verbringen Elefanten jeden Tag 17 Stunden mit Fressen.

Wie viele Stunden sind das im Januar?
Vergleiche mit der Zeit, die du mit Essen verbringst.

---

② **a)** Im Zoo leben auch fünf Giraffen.

Der Tierpfleger bestellt Futter für die nächste Woche. Wie viel wiegt es etwa?

b) Im November hatte der Zoo noch eine Giraffe weniger.

Wie viel Kilogramm Futter hat der Zoo im November für seine Giraffen verbraucht?

---

③

> **Täglicher Speiseplan für ein Flusspferd**
>
> 17 kg Äpfel   21 kg Gras
> 9 kg Salat   3 kg Gurken

Berechne, wie viel Kilogramm Äpfel, Salat, Gras und Gurken die beiden Flusspferde des Zoos in sechs Wochen verbrauchen.

---

④ Welches der Tiere verbraucht am meisten Futter im Verhältnis zu seinem Körpergewicht?

⑤ Eine Giraffe wird bis zu 5,80 m hoch.

Wie groß werden fünf Giraffen?

1–4 Den Steckbriefen Informationen entnehmen, schriftliches Multiplizieren im Sachkontext üben; 4 Untersuchen, den wievielten Teil ihres Körpergewichts die Tiere täglich an Nahrung zu sich nehmen; 5 Aufgabenstellung genau lesen

E ▶ 32   AH ▶ 31   A ▶ 32

6 Die Klasse 4b hat 27 Schüler.
Sie unternimmt mit ihrer Lehrerin einen Ausflug in den Zoo.

   a) Wie viel kostet der Eintritt?

   b) Hin- und Rückfahrt kosten zusammen 3,80 € pro Person.
      Wie teuer ist der Ausflug insgesamt?

7 Mio geht mit zwei Freunden und seinem Vater in den Zoo.
In der Zeitung hat er einen Coupon für ermäßigten
Eintritt entdeckt.

Wie viel sparen die vier
gegenüber dem normalen
Eintrittspreis?

> **Verbilligter Eintritt in den Zoo!**
> Erwachsene **nur 9,70 €**
> Kinder **nur 3,50 €**
> Einfach ausschneiden und zum Zoobesuch mitbringen! ✂

Eintrittspreise	
Erwachsene	11,40 €
Kinder	5,70 €
Gruppen (ab 15 Personen)	
Erwachsene	9,00 €
Kinder	4,50 €
Jahreskarten	
Erwachsene	57,50 €
Kinder	25,00 €
Familie	95,00 €
Öffnungszeiten	
April bis September	8–20 Uhr
Oktober bis März	9–17 Uhr

8 Familie Schulze (2 Erwachsene, 2 Kinder) möchte den
Zoo besuchen. Sie überlegen, eine Jahreskarte zu kaufen.

Wie oft muss die Familie in einem Jahr den Zoo besuchen,
damit sich eine Jahreskarte lohnt?

9 Der Zoo hat an jedem Tag im Jahr geöffnet.
Wie viele Stunden sind das?

10

Besucherrekord im Zoo

Sommerliche Temperaturen bescherten
dem Zoo gestern 5742 Besucher. Darunter
waren 3269 Kinder.
Wie Zoodirektor Waran erklärte, brachte

Wie hoch waren die Tageseinnahmen?

Schreibe deine Überlegungen
und Rechnungen übersichtlich auf.
Stelle sie in der Klasse vor.

Ganz genau
kann ich das nicht
berechnen.

Vielleicht
hatten manche Besucher
schon Jahreskarten. Aber
wahrscheinlich nicht
sehr viele.

Bestimmt
kamen auch einige
Gruppen.

11 Erfinde eigene Zoo-Aufgaben.
Schreibe sie auf ein Blatt oder auf
eine Karteikarte.
Notiere die Lösung auf der Rückseite.
Tauscht die Aufgaben in der Klasse aus.

10 Keine eindeutige Berechnung möglich; vor dem Rechnen müssen die gegebenen Informationen durch eigene
sinnvolle Annahmen und Schätzwerte ergänzt werden; Bearbeitung in Kleingruppen bietet sich an, anschließende
E▶32 AH▶31 A▶32 Diskussion in der Klasse

63

Tonne und Kilogramm

①

a) Ordne die Gewichte zu.

b) Trage die Gewichtsangaben in eine Stellentafel ein. Wandle alle Angaben in Tonnen um.

c) Welches der abgebildeten Dinge ist am schwersten? Welche wiegen weniger als eine halbe Tonne?

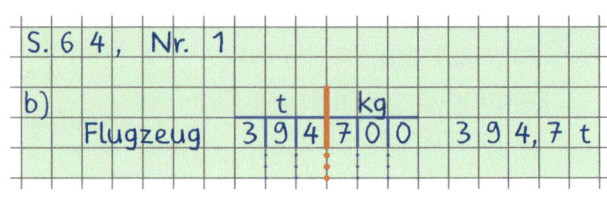

S. 6 4, Nr. 1													
b)					t		kg						
Flugzeug		3	9	4	7	0	0			3	9	4,7	t

Das Komma trennt Tonne und Kilogramm.
6,500 t = 6 t 500 kg = 6 500 kg
kürzer: 6,5 t

② Gib in drei verschiedenen Schreibweisen an. Die Stellentafel kann dir helfen.

a) 7 328 kg
4 971 kg
19 724 kg
32 180 kg

b) 9 000 kg
9 007 kg
9 070 kg
9 700 kg

c) 400 kg
800 kg
100 kg
999 kg

S. 6 4, Nr. 2											
a)	7	3	2	8	kg = 7	t	3	2	8	kg = 7,3 2 8	t

③ Wandle um in Kilogramm.

a) $\frac{1}{2}$ t
$\frac{1}{4}$ t
$\frac{3}{4}$ t

b) $1\frac{1}{2}$ t
$2\frac{3}{4}$ t
$5\frac{1}{4}$ t

c) 1,345 t
10,555 t
6,175 t

d) 0,5 t
0,05 t
0,25 t

e) 1,25 t
2,005 t
4,75 t

f) 3,001 t
8,97 t
5,3 t

④ Ein ICE hat 381 Sitzplätze und wiegt leer 405 t. Ist er voll besetzt, kommen leicht noch einmal 26 t hinzu.
Eine Boeing 747 bietet etwa genauso vielen Passagieren Platz (390 Plätze). Voll betankt und besetzt wiegt das Flugzeug bis zu 397 t.
Das neue Großraumflugzeug Airbus A380 kann 555 Passagiere befördern. Sein Gewicht beim Start darf maximal 560 t betragen.

a) Notiere die Gewichte der im Text genannten Verkehrsmittel in t und in kg.

b) Vergleiche das Gewicht eines voll besetzten ICEs mit dem maximalen Gewicht des Airbus A380.

1 Gewichte zuordnen, mit Hilfe der Stellentafel Gewichtsangaben in Tonnen umwandeln;
4 Dem Text Informationen entnehmen

E▶33 AH▶32 A▶33

①

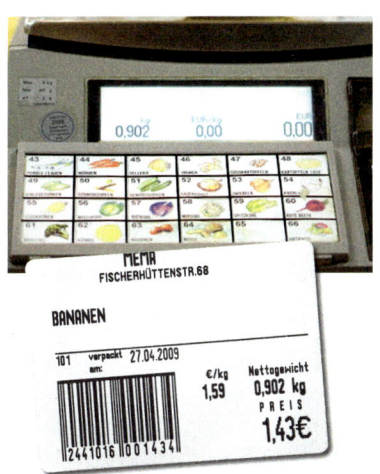

Nele kauft für ihre Mutter ein. Obst und Gemüse muss sie selbst wiegen. Bei den Bananen zeigt die Waage 0,902 kg an. Nele kauft noch mehr:

Äpfel	1,521 kg	Kartoffeln	2,073 kg
Lauch	0,832 kg	Champignons	0,309 kg
Möhren	1,234 kg	Knoblauch	0,042 kg

a) Trage der Größe nach geordnet in eine Stellentafel ein. Wie viel Gramm sind es jeweils?

b) Wie schwer ist der gesamte Einkauf? Kann Nele ihn allein tragen?

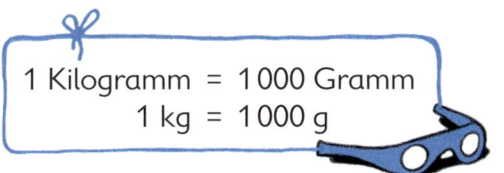

1 Kilogramm = 1000 Gramm
1 kg = 1000 g

② Wandle um in Gramm.

$1\,kg = \underline{\quad} g \qquad \frac{1}{4}\,kg = \underline{\quad} g$

$\frac{1}{2}\,kg = \underline{\quad} g \qquad \frac{3}{4}\,kg = \underline{\quad} g$

Das Komma trennt Kilogramm und Gramm.
7,300 kg = 7 kg 300 g = 7 300 g
kürzer: 7,3 kg

③ Ordne die Gewichtsangaben nach der Größe. Entscheide selbst, ob du alle Angaben in Kilogramm oder in Gramm umwandelst.

a) 4 350 g; 2,763 kg; 3 kg 720 g; 3,9 kg; 980 g

b) $\frac{3}{4}$ kg; 654 g; 0,704 kg; 0,070 kg; $\frac{1}{4}$ kg

c) 11 000 g; 15 kg; 9 kg 999 g; 12 371 kg; $9\frac{1}{4}$ kg

Zum Vergleichen oder Rechnen am besten in die gleiche Einheit umwandeln!

④ Wandle vor dem Rechnen in eine Einheit um.

a) 4,321 kg + 738 g + 2 kg 532 g
6 743 g + $\frac{1}{2}$ kg + 3,829 kg

b) 12,603 kg − 999 g
9 kg 425 g − $\frac{3}{4}$ kg

⑤ In einer Bäckerei wird das 6 kg schwere Landbrot in vier etwa gleich große Stücke zerteilt und dann verkauft.
Das erste Stück wiegt 1,482 kg, das zweite 1,521 kg und das dritte 1,474 kg.
Wie viel wiegt das letzte Stück?

⑥ Eine ganze Wurst wiegt 3,200 kg. Am Vormittag verkauft der Metzger folgende Mengen: 175 g; $\frac{1}{4}$ kg; 300 g; 120 g; 0,460 kg.
Wie viel wiegt die Wurst noch?

1 Gewichtsangaben in Gramm umwandeln, Gewicht in Bezug auf den eigenen Körper einschätzen;
3, 4 Zum Rechnen und zum einfacheren Vergleich alle Angaben in dieselbe Einheit umwandeln

E▶33 AH▶32 A▶33

Liter und Milliliter

①

| 250 ml | 100 l | 10 l | 1 l | 5 ml |

Erinnere dich: Welche Menge an Flüssigkeit fassen die abgebildeten Gefäße?

② Schau dich um in Bad und Küche. Untersuche Flaschen, Dosen … und finde heraus, wie viel hineinpasst. Du kannst auch in Prospekten suchen. Notiere deine Ergebnisse.

> Eine Flüssigkeitsmenge und das Fassungsvermögen von Behältern (das Volumen einer Flüssigkeit / eines Behälters) werden in Liter und Milliliter gemessen.
>
> 1 Liter = 1 000 Milliliter
> 1 l = 1 000 ml

③ Wie viele Milliliter sind es?

1 l = __ ml $\frac{1}{2}$ l = __ ml $\frac{1}{4}$ l = __ ml $\frac{3}{4}$ l = __ ml

> $\frac{1}{8}$ l = 125 ml
> Das kommt oft in Rezepten vor.

> Das Komma trennt Liter und Milliliter.
>
> | | l | | ml | | |
> |---|---|---|---|---|---|
> | 0,75 l | 0 | 7 | 5 | 0 | 750 ml |
> | 1,2 l | 1 | 2 | 0 | 0 | 1200 ml |

④ a) Schreibe in Millilitern.

2 l; 1,5 l; 3,12 l; 7,5 l; 0,550 l; 0,7 l; 0,2 l; 5,08 l; 1$\frac{1}{2}$ l; 2$\frac{3}{4}$ l

b) Schreibe in Litern.

8 000 ml; 1 300 ml; 6 425 ml; 3 020 ml; 500 ml; 105 ml; 10 ml; 5 ml; 225 ml; 1 ml

⑤ Gib in drei verschiedenen Schreibweisen an.

a) 6 731 ml
4 060 ml
5 637 ml

b) 7 l 100 ml
2 l 250 ml
1 l 10 ml

c) 5,031 l
5,30 l
0,260 l

S. 66, Nr. 5

a) 6 7 3 1 ml = 6 l 7 3 1 ml = 6,7 3 1 l

⑥ Immer zwei Angaben ergänzen sich zu 1 l.

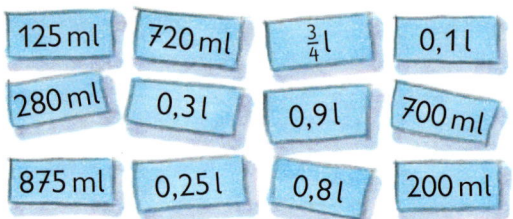

125 ml   720 ml $\frac{3}{4}$ l   0,1 l

280 ml   0,3 l   0,9 l   700 ml

875 ml   0,25 l   0,8 l   200 ml

⑦ Aus einer 1-l-Flasche werden folgende Gefäße gefüllt.
Wie viel Wasser bleibt jeweils in der Flasche übrig?

a) 2 Gläser (je 0,2 l)   **b)** 4 Tassen (je 125 ml)

c) 3 Becher (je 0,3 l)   **d)** 4 Gläser (je 0,25 l)

1 Sich Repräsentanten für verschiedene Volumina einprägen

E ▶ 34   AH ▶ 33   A ▶ 34

8 Saft ist nicht gleich Saft

Je nach ihrem Anteil an Fruchtsaft werden Säfte unterschieden in *Fruchtsaft*, *Fruchtnektar* und *Fruchtsaftgetränke*. Nur Säfte, die aus reinem Fruchtsaft der entsprechenden Früchte bestehen, dürfen sich Fruchtsaft nennen. Reine Fruchtsäfte, die nach dem Pressen direkt abgefüllt werden, werden heute auch oft als *Direktsaft* verkauft.

a) Was kannst du dem Säulendiagramm entnehmen?

b) Lies aus dem Diagramm ab, wie viele Milliliter reinen Fruchtsaft die Getränke enthalten. Der Rest besteht überwiegend aus Zuckerwasser. Halte deine Ergebnisse in einer Tabelle fest.

S. 67, Nr. 1		reiner Fruchtsaft	Zucker-wasser
b)			
	1 l Apfelsaft	1000 ml	0 ml

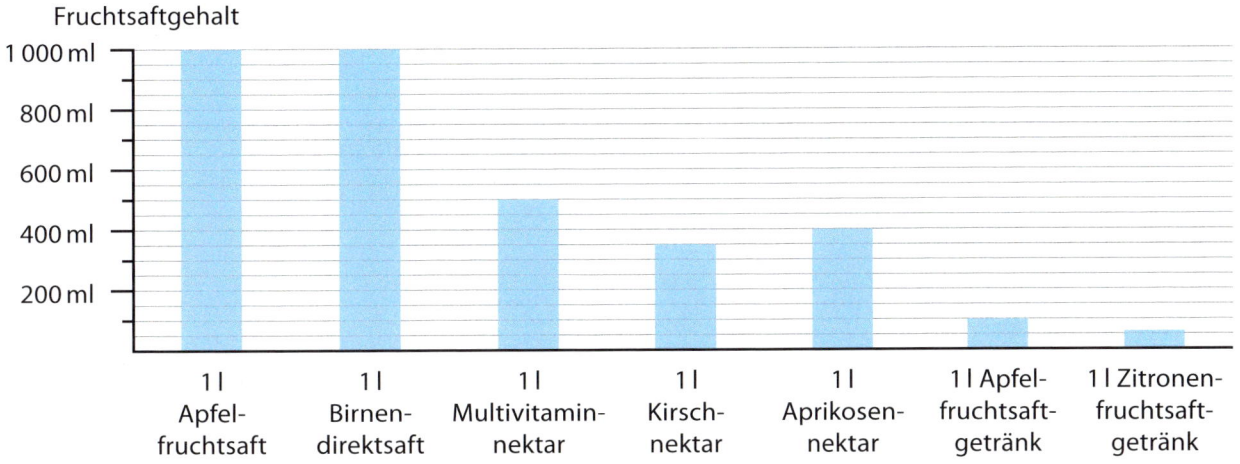

Fruchtsaftgehalt

1000 ml, 800 ml, 600 ml, 400 ml, 200 ml

1 l Apfel-fruchtsaft · 1 l Birnen-direktsaft · 1 l Multivitamin-nektar · 1 l Kirsch-nektar · 1 l Aprikosen-nektar · 1 l Apfel-fruchtsaft-getränk · 1 l Zitronen-fruchtsaft-getränk

9 Trinken ist wichtig

Wenn du müde bist, dich schlecht konzentrieren kannst oder sogar Kopfschmerzen hast, hast du vielleicht zu wenig getrunken. Grundschulkinder sollten täglich etwa 1 l zuckerarme Flüssigkeit zu sich nehmen. Deinen Flüssigkeitsbedarf musst du aber nicht nur über Getränke decken – auch viele Lebensmittel enthalten Wasser.

750 ml*   950 ml*   940 ml*   780 ml*

820 ml*   830 ml*   400 ml*   450 ml*

*Wassergehalt pro kg

a) Erstelle ein Säulendiagramm, dem man entnehmen kann, wie viele Milliliter Wasser ein Kilogramm der Lebensmittel enthält.

b) Berechne den Wassergehalt in ml:
500 g Bananen, 250 g Pflaumen, 200 g Karotten, 600 g Wassermelone, 150 g Roggenbrot, 100 g Käse, 400 g Äpfel, 300 g Gurken

Ich berechne zuerst, wie viel ml 100 g enthalten.

8 Für die einzelnen Getränke Fruchtsaft- und Zuckerwasser-Anteil in einer Tabelle festhalten;
9 Den Wassergehalt der Lebensmittel in einem Säulendiagramm darstellen

E▶34 AH▶33 A▶34

Vierecke

①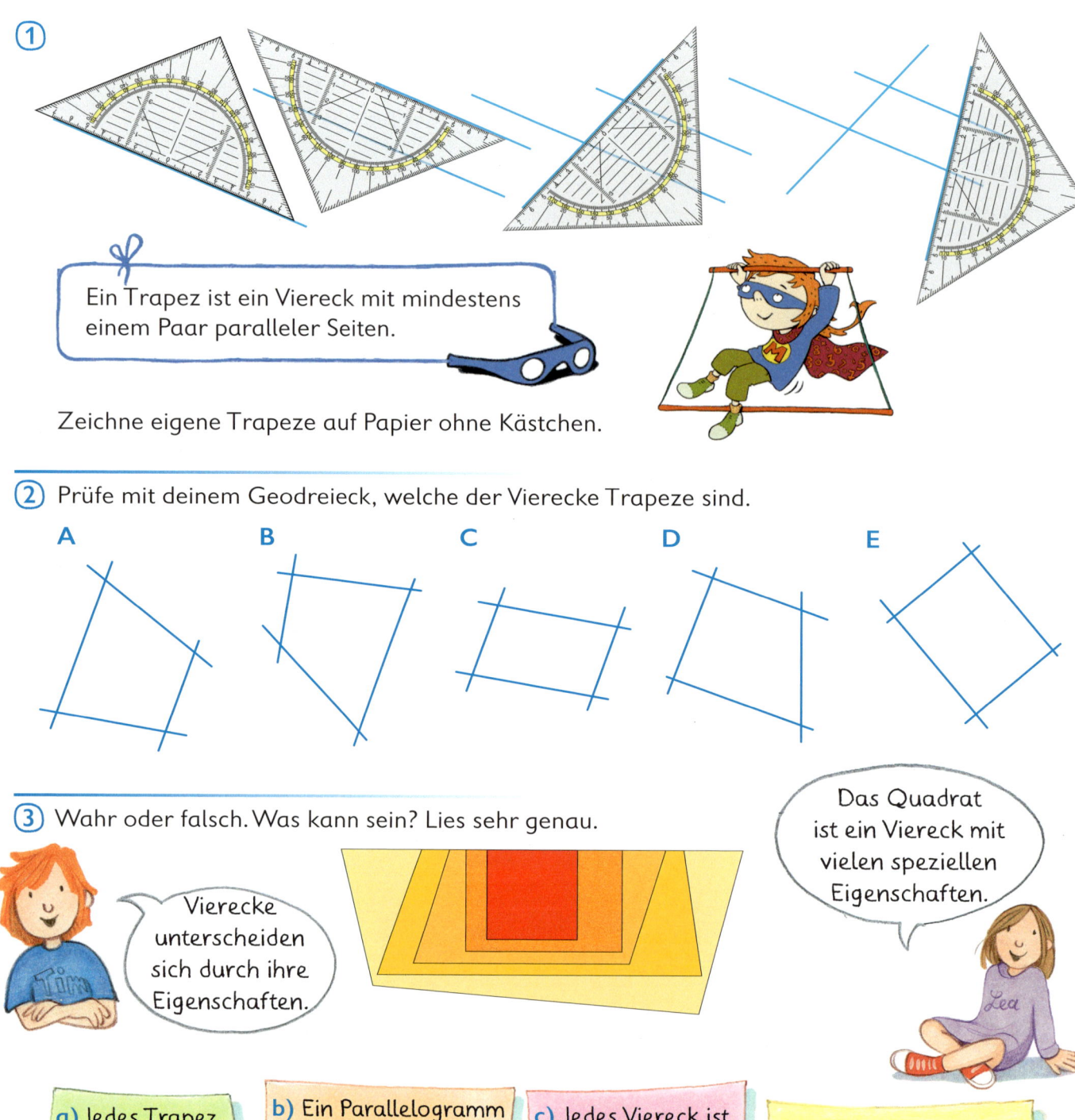

Ein Trapez ist ein Viereck mit mindestens einem Paar paralleler Seiten.

Zeichne eigene Trapeze auf Papier ohne Kästchen.

② Prüfe mit deinem Geodreieck, welche der Vierecke Trapeze sind.

A B C D E

③ Wahr oder falsch. Was kann sein? Lies sehr genau.

Das Quadrat ist ein Viereck mit vielen speziellen Eigenschaften.

Vierecke unterscheiden sich durch ihre Eigenschaften.

a) Jedes Trapez ist ein Viereck.

b) Ein Parallelogramm ist auch ein Trapez.

c) Jedes Viereck ist ein Rechteck.

d) Alle Quadrate sind auch Rechtecke.

e) Jedes Trapez hat vier rechte Winkel.

f) Trapeze können vier rechte Winkel haben.

g) Jedes Quadrat ist ein Trapez mit gleich langen Seiten.

h) Schreibe eigene Aufgabenzettel.

④ Zeichne ein Quadrat mit einer Seitenlänge von 10 cm und schneide es aus. Zerschneide es in vier gleich große Dreiecke. Lege aus allen vier Dreiecken ein

a) Rechteck

b) Parallelogramm

c) Trapez.

68

3 Systematisierung der Vierecke, eigene Aufgabenzettel schreiben;
4 Vierecke zerlegen und zusammensetzen
E▶35 AH▶34 A▶35

① Miss alle Rechtecke. Trage die Maße in eine Tabelle ein.

② Zeichne.

ⓐ Trapeze, die keine Parallelogramme sind.

ⓑ Vierecke, die keine Trapeze sind.

ⓒ Vierecke, die Trapeze *und* Parallelogramme sind.

Benutze einen spitzen Bleistift!

③ Figuren in Figuren
Zeichne ab. Zeichne eine weitere Linie so ein, dass Trapeze entstehen.

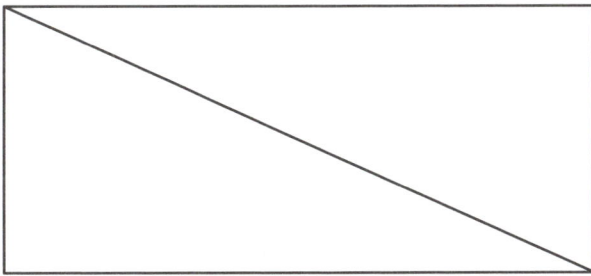

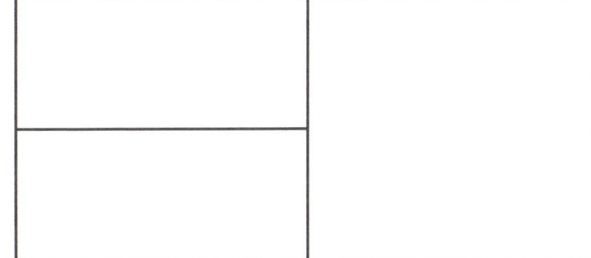

④ Zeichne diese Muster auf Papier ohne Kästchen und setze sie fort. Male die Muster aus.

a) Zeichne mit deinem Geodreieck. Nimm die gleichen Maße wie im Buch.

b) Zeichne freihand und vergleiche mit deinem Ergebnis aus a).

A

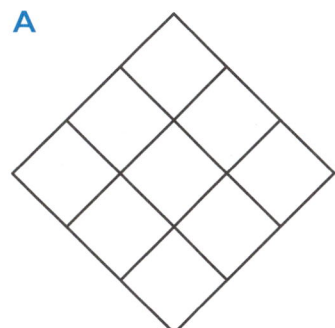

B

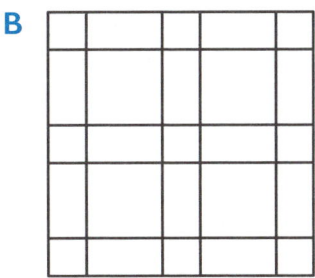

C

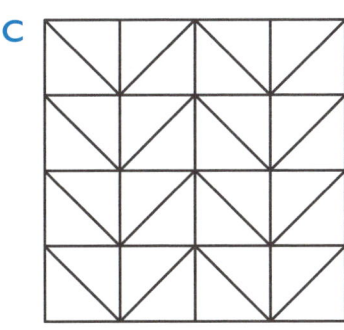

1 Seitenlängen von Rechtecken nennen; **2/3** Trapeze kennenlernen und zeichnen; **4** Muster zeichnen
E▶35 AH▶35 A▶35

69

Das kann ich schon!

① Multiplizieren mit Stufenzahlen

a)	b)	c)
30 · 80	7000 · 50	900 · 50
3 · 800	700 · 50	9000 · 50
30 · 800	70 · 5	90 · 5
3000 · 80	7000 · 5	90 · 500

> Die leichte Aufgabe aus dem kleinen Einmaleins habe ich im Kopf.

② Multiplizieren

Rechne mit deinem Rechenweg. Tauschaufgaben sind erlaubt.

a)	b)	c)	d)	e)
478 · 6	3 · 2675	4198 · 6	24 · 346	589 · 408
8 · 392	5 · 1498	4 · 9999	192 · 18	203 · 637

③ Multiplizieren mit Kommazahlen

Für eine Hecke werden 45 Pflanzen benötigt.

a) Schreibe eine Überschlagsrechnung.

b) Berechne den genauen Preis.

④ Sachrechnen

Zwei 4. Klassen (46 Kinder) haben bei einem Wettbewerb 250 € gewonnen. Sie wollen damit einen Ausflug in den Zoo bezahlen.

Der Eintritt kostet für jedes Kind 3,75 €.
Für die Busfahrt muss jedes Kind 2,15 € bezahlen. Reicht das Geld?

⑤ Zahlenrätsel

Notiere deinen Rechenweg und das Ergebnis.

Wenn du von dem Produkt aus 765 und 8 die Zahl 121 subtrahierst, erhältst du die gesuchte Zahl.   Lisa

Addiere zum Produkt aus 907 und 3 das Produkt aus 343 und 4.   Noah

Verdopple das Produkt aus 23 und 24, dann erhältst du meine Zahl.   Max

1 Unter Nutzung von Analogieaufgaben im Kopf multiplizieren

E ▶ 36   A ▶ 36

⑥ Tonne und Kilogramm

a) Ordne zu: Welches Tier wiegt wie viel?

b) Ordne die Gewichte der Größe nach.

| 600 kg | 30 kg | 3 400 kg |

| 5 kg | 5,4 t | 180 t 500 kg |

⑦ Immer drei Schreibweisen

a) 7,550 t = ____ t _____ kg = _____ kg

12,5 t = ____ t _____ kg = _____ kg

1,705 t = ____ t _____ kg = _____ kg

0,375 t = ____ t _____ kg = _____ kg

b) _____ t = 15 t 50 kg = _____ kg

_____ t = __ t ___ kg = 6 005 kg

_____ t = 7 t 500 kg = _____ kg

0,080 t = __ t ___ kg = _____ kg

⑧ Gleich schwer

Welche Angaben bezeichnen das gleiche Gewicht?

Ordne zu.

| 6 kg 500 g | $\frac{1}{2}$ t | 650 kg | 500 kg | $\frac{3}{4}$ t | 6500 g |

| 750 kg | 0,65 t | $4\frac{1}{2}$ t | 6500 kg | 4500 kg | 6,5 t |

⑨ Liter und Milliliter

a)

$\frac{1}{4}$ l = ____ ml $\frac{3}{4}$ l = ____ ml   1 l = ___ ml

b) Immer drei Schreibweisen

1,5 l = __ l ___ ml = ____ ml

___ l = 2 l 750 ml = ____ ml

___ l = __ l ___ ml = 250 ml

$4\frac{1}{2}$ l = __ l ___ ml = ____ ml

⑩ Senkrecht und parallel

a) Übertrage in dein Heft und zeichne durch die Punkte A und B jeweils eine Gerade, die senkrecht zu g verläuft.

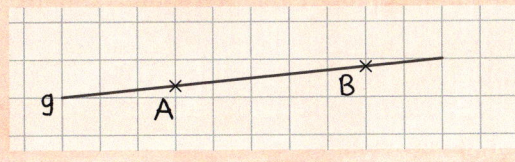

b) Übertrage in dein Heft und zeichne durch den Punkt C eine Parallele zu e.

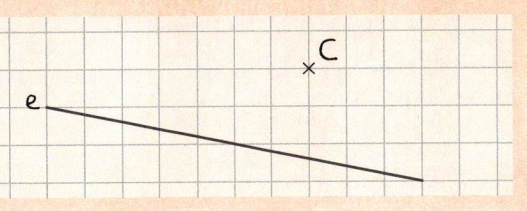

Dividieren

① Erkläre, wie die Kinder rechnen.

$24 : 4 = 6$
$240 : 4 = 60$
$2400 : 4 = 600$

$24 : 4 = 6$

2400 : 4

Das Ergebnis ist 600.

Ich rechne mit Hundertern.

T H Z E
2 4 0 0
$2400 = 24H$
$24H : 4 = 6H$

② Dividieren von kleinen und großen Zahlen. Setze fort.

a)
54 : 6
540 : 6
5 400 : 6
_____ : _
_____ : _

b)
45 : 9
450 : 9
_____ : 9
_____ : _
_____ : _

c)
___ : 8
___ : 8
5 600 : 8
_____ : 8
_____ : 8

d) Schreibe eigene Päckchen zu diesen Aufgaben:
35 : 7
40 : 5
10 : 2

③ Rechne zuerst die einfache Aufgabe.

42 : 6

a)
4 200 : 6
420 : 6
420 000 : 6
42 000 : 6

b)
120 000 : 4
120 : 4
12 000 : 4
1 200 : 4

c)
900 000 : 3
90 000 : 3
900 : 3
9 000 : 3

d)
640 : 8
640 000 : 8
6 400 : 8
64 000 : 8

④ Viele Nullen! Beginne immer mit der leichtesten Aufgabe.

a)

	T	H	Z	E
2400 : 4		6	0	0
2400 : 40			6	0
2400 : 400				6

Ich rechne 2 400 : 4 und dann noch geteilt durch 10.

$2400 : 40 =$
$2400 : 4 : 10$

b)
5 400 : 9
5 400 : 90
5 400 : 900

c)
2 700 : 3
2 700 : 30
2 700 : 300

d)
35 000 : 5
35 000 : 50
35 000 : 500

e)
48 000 : 8
48 000 : 80
48 000 : 800

⑤ Rechne zuerst eine leichte Aufgabe.

24 : 8

a)
2 400 : 80
2 400 : 8
240 : 8
24 000 : 800
240 000 : 8 000

b)
4 500 : 50
450 : 50
4 500 : 5
450 000 : 500
45 000 : 50

c)
280 000 : 7 000
280 : 70
28 000 : 700
2 800 : 700
28 000 : 7 000

d)
810 : 9
81 000 : 9
81 000 : 900
810 000 : 9 000
81 000 : 90

1–5 Analogieaufgaben aus dem kleinen Einsdurcheins nutzen
E▶37 AH▶36 A▶37

Halbschriftlich dividieren

① Halbschriftlich dividieren

$2\,640 : 6$

```
2640 : 6 =
2000 : 6 =
 600 : 6 =
  40 : 6 =
```

So kann ich nicht rechnen!

Ich zerlege in Zahlen, die ich einfach durch 6 teilen kann.

```
2640 : 6 = 440
2400 : 6 = 400
 240 : 6 =  40
```

---

② Rechne.

a) $1\,400 : 4$
$2\,600 : 4$
$3\,360 : 4$

b) $1\,600 : 5$
$2\,450 : 5$
$4\,750 : 5$

c) $2\,450 : 7$
$1\,890 : 7$
$6\,720 : 7$

d) $2\,100 : 6$
$2\,640 : 6$
$7\,320 : 6$

e) $2\,160 : 2$
$7\,272 : 8$
$2\,976 : 3$

270 320 350 350 350 440 445 490 650 840 909 950 960 992 1080 1220

---

③ Einige Aufgaben kannst du im Kopf rechnen. Löse die anderen halbschriftlich.

a) $7\,200 : 6$
$4\,560 : 6$
$4\,860 : 6$

b) $1\,240 : 4$
$2\,360 : 4$
$6\,440 : 4$

c) $3\,535 : 7$
$3\,850 : 7$
$4\,963 : 7$

d) $18\,027 : 3$
$38\,500 : 7$
$39\,600 : 6$

e) $32\,320 : 8$
$45\,550 : 5$
$49\,735 : 7$

310 505 550 590 709 760 810 830 1200 1610 4040 5500 6009 6600 7105 9110

---

④ Super-Päckchen! Rechne. Wie geht es weiter?

a) $33\,760 : 2$
$16\,880 : 2$
$8\,440 : 2$
____ : _
____ : _

b) $76\,800 : 8$
$38\,400 : 8$
____ : _
____ : _

c) $1\,920 : 3$
$1\,920 : 6$
$3\,840 : 3$
$3\,840 : 6$
____ : _
____ : _

d) $8\,448 : 2$
$8\,448 : 4$
$4\,224 : 2$
____ : _
____ : _

e Beschreibe, was dir auffällt. Versuche eine Begründung.

---

⑤

Division
$18\,750 : 5 = 3\,750$
Dividend : Divisor = Quotient

Du erhältst meine Zahl, wenn du 3 252 durch die Hälfte von 8 dividierst. Tom

Meine Zahl ist der 9. Teil von 48 933. Naomi

Bilde die Hälfte von 15 072. Dividiere das Ergebnis durch 6. Mio

Ermittle den Quotienten aus 45 540 und 6!

Der Dividend heißt 64 200, der Divisor 6. Berechne den Quotienten!

Der Quotient ist 132 000, der Divisor 5. Wie groß ist der Dividend?

Berechne den Quotienten aus der Hälfte von 84 560 und dem Doppelten von 4!

---

1 Verschiedene Rechenwege besprechen, erkennen, warum der Weg von Super M hier – im Gegensatz zur Multiplikation – nicht zum Erfolg führt; **3, 4** Im Kopf oder halbschriftlich rechnen; **4** Versuchen, die Auffälligkeiten zu begründen

E▶37 AH▶36 A▶37

Schriftlich dividieren

① Bei der schriftlichen Division dividierst du schrittweise von links nach rechts jede Stelle.

H	Z	E			H	Z	E
8	0	4	: 6 =				1
6							
2							

8 : 6 geht 1-mal.
1 · 6 = 6, Rest 2

H	Z	E			H	Z	E
8	0	4	: 6 =			1	3
6							
2	0						
1	8						
	2						

20 : 6 geht 3-mal.
3 · 6 = 18, Rest 2

H	Z	E			H	Z	E
8	0	4	: 6 =		1	3	4
6							
2	0						
1	8						
	2	4					
	2	4					
		0					

24 : 6 geht 4-mal.
4 · 6 = 24, Rest 0

Erkläre, wie Super M rechnet.

② Dividiere schriftlich.

a) 924 : 6   b) 736 : 2   c) 8835 : 3   d) 7656 : 4
   495 : 3   903 : 7   9712 : 8   8386 : 7
   665 : 5   807 : 3   7458 : 6   7308 : 3
   964 : 4   702 : 6   6740 : 5   8034 : 6

117   129   133   154   165   241   269   368   1198
1214 1243 1339 1348 1914 2436 2945 2999

S.	7	4	,	Nr.	2		
a)	9	2	4	: 6 =	1	5	4
	6						
	3	2					
	3	0					
		2	4				
		2	4				
			0				

③

	8	2	5	6	: 4 =	2	0	6	4
	8								
	0	2							
		0							
		2	5						
		2	4						
			1	6					
			1	6					
				0					

2 : 4 geht 0-mal.
0 · 4 = 0, Rest 2

Achte auf Nullen im Ergebnis.

a) 5224 : 4   b) 8136 : 8
   8118 : 3   9042 : 6
   5435 : 5   9163 : 7
   7416 : 2   6045 : 5

903   1017   1087   1209   1306
1309 1507   2706   3708

④ Erkläre, wie Super M hier rechnet.
Löse die Aufgaben schriftlich.

a) 5832 : 6   b) 2310 : 5
   2764 : 4   2436 : 6
   1941 : 3   4928 : 7
   6984 : 8   5085 : 9

406   462   508   565   647
691   704   873   972

T	H	Z	E			T	H	Z	E
4	9	8	4	: 7 =			7	1	2
4	9								
	0	8							
		7							
		1	4						
		1	4						
			0						

4 : 7 geht 0-mal.
Ich nehme die nächste Stelle dazu.
49 : 7 geht 7-mal

Die Null an der ersten Stelle im Ergebnis kann ich weglassen.

⑤ Für den Computerraum werden 8 neue Rechner bestellt. Zusammen kosten sie 5592 €.

1 Die schriftliche Division kennen lernen; **3** Mit Nullen im Ergebnis umgehen;
4 Mit der Null an der ersten Stelle des Ergebnisses umgehen

E ▶ 38   AH ▶ 37   A ▶ 38

(6)

$$7578 : 9$$

Sprechblase (links oben, Mädchen): Ich rechne mit 7200. Das genaue Ergebnis muss größer sein als 800.

Sprechblase (rechts oben, Junge): 842 kann stimmen. Ich rechne noch die Probe.

Ü:	7	2	0	0	:	9	=	8	0	0
	T	H	Z	E				H	Z	E
	7	5	7	8	:	9	=	8	4	2
	7	2								
		3	7							
		3	6			P:	8 4 2 · 9			
			1	8			7 5 7 8			
			1	8						
				0						

Sprechblase (Figur mit Maske): Überschlag, Rechnung, Probe. Dann bin ich ganz sicher!

Überschlage zuerst. Überlege, ob das genaue Ergebnis größer oder kleiner als das überschlagene Ergebnis sein wird.
Rechne dann genau und vergleiche die Ergebnisse.
Kontrolliere mit der Probe.

a) 2360 : 8   **b)** 6874 : 7   **c)** 4518 : 6
    5194 : 7   3690 : 5   2457 : 9
    3957 : 3   2944 : 4   1389 : 3

(M) Rechne beim Überschlag mit einer Zahl, die in der Nähe liegt und die du einfach teilen kannst.

(7) Nur eine Aufgabe je Päckchen ist richtig gelöst. Finde sie durch Überschlagen.
Rechne zur Kontrolle die Probe zu der Aufgabe, die du für richtig hältst.

a) 7692 : 6 =   128   **b)** 8964 : 9 = 1069   **c)** 5325 : 5 = 1065
    7692 : 6 =   1282   8964 : 9 =   96   5325 : 5 =   165
    7692 : 6 = 12282   8964 : 9 =   996   5325 : 5 = 1650

(8) a) Welchen Überschlag rechnest du? Begründe.
Wird das genaue Ergebnis etwas größer oder kleiner als das überschlagene Ergebnis sein?

A 4311 : 3

Ü: 4300 : 3   Ü: 4200 : 3
Ü: 4311 : 3   Ü: 3000 : 3

B 9728 : 8

Ü: 10000 : 8   Ü: 9700 : 8
Ü: 9600 : 8   Ü: 8000 : 8

C 1892 : 4

Ü: 1600 : 4   Ü: 1000 : 4
Ü: 1890 : 4   Ü: 2000 : 4

b) Rechne die Aufgaben **A**, **B** und **C** genau aus.

(9) Überschlage zuerst. Rechne dann genau. Kontrolliere mit der Probe.

a) 36270 : 6   **b)** 14964 : 4   **c)** 37827 : 9   **d)** 16104 : 8   **e)** 30474 : 6
    68112 : 4   42304 : 8   42075 : 5   72524 : 4   20526 : 3

6 Überschlag und Probe als Kontrollinstrumente nutzen; **8** Besprechen, welche Überschläge
sinnvoll sind / ein Ergebnis liefern, das größer / kleiner als das genaue Ergebnis sein wird

75

E▶38   AH▶37   A▶38

Schriftliches Dividieren mit Rest

①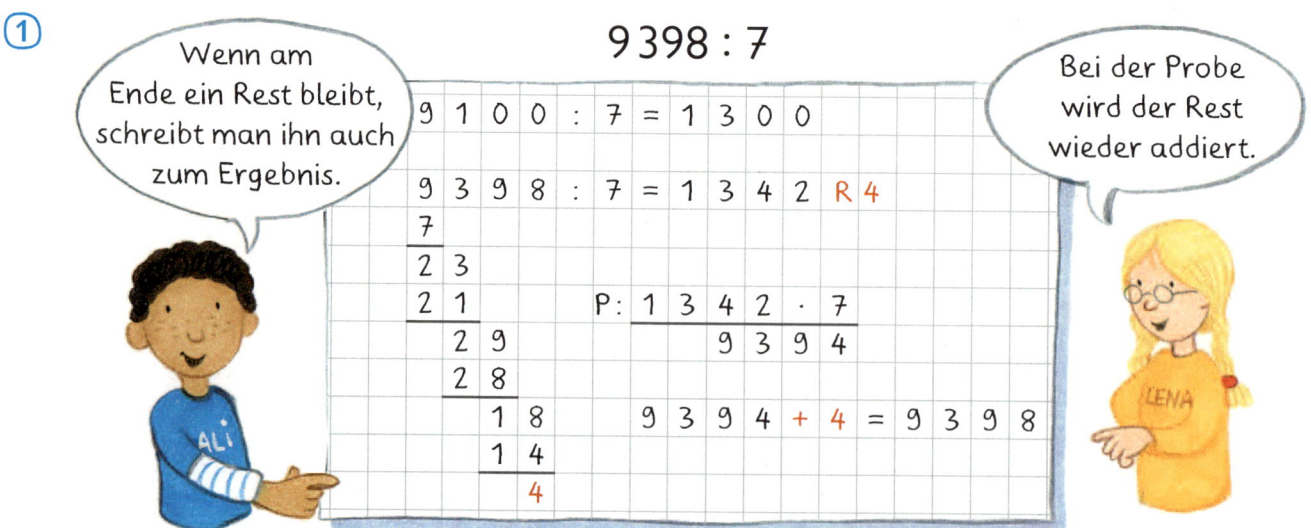

9398 : 7

Wenn am Ende ein Rest bleibt, schreibt man ihn auch zum Ergebnis.

Bei der Probe wird der Rest wieder addiert.

```
9 1 0 0 : 7 = 1 3 0 0
9 3 9 8 : 7 = 1 3 4 2  R 4
7
2 3
2 1          P : 1 3 4 2 · 7
  2 9              9 3 9 4
  2 8
    1 8        9 3 9 4 + 4 = 9 3 9 8
    1 4
      4
```

② Überschlage zuerst. Rechne schriftlich. Kontrolliere mit der Probe.

a) 8035 : 6
6427 : 5
9785 : 8

b) 4897 : 4
7844 : 3
8253 : 5

c) 80256 : 5
56781 : 8
34377 : 4

d) 59114 : 6
40532 : 9
37642 : 5

Den Rest bei der Probe nicht vergessen!

③ Division mit und ohne Rest. Rechne auch Überschlag und Probe.

a) 2432 : 3
2432 : 4
2432 : 5

b) 1376 : 2
1376 : 3
1376 : 4

c) 8250 : 6
8250 : 7
8250 : 8

d) 5841 : 7
5841 : 8
5841 : 9

④ Erkläre, was falsch ist. Rechne richtig.

Ü: 8500 : 5 = 1700
```
8315 : 5 = 167
5
33
30
 35
 35
  0
```

Ü: 4900 : 7 = 700
```
4655 : 7 = 5
35
115
```

Kann das stimmen? Rest 11 beim Teilen durch 7?

Das Ergebnis kann auch nicht stimmen! Wo ist der Fehler?

⑤ Vier Lösungen sind falsch. Notiere, welche Fehler gemacht wurden. Rechne richtig.

Anne
```
7638 : 6 = 12613
6
16
12
43
36
78
78
 0
```

Vedat
```
7287 : 7 = 141
7
028
 28
 07
  7
  0
```

Nele
```
11176 : 4 = 2796 R2
8
31
28
37
35
26
24
 2
```

Lea
```
2232 : 8 = 279
16
63
56
72
72
 0
```

Max
```
2058 : 7 = 2931
14
65
63
28
21
 7
 7
 0
```

1–3 Schriftliche Division mit Rest; 4, 5 Häufige Fehler bei der Division finden, benennen und berichtigen

E▶39 AH▶38 A▶39

Schriftliches Dividieren mit zweistelligen Zahlen

① Dividieren durch zweistellige Zahlen

58 : 12 geht 4-mal.
4 · 12 = 48, Rest 10

Ich schreibe mir vorher die 12er-Reihe auf.

Es gelten die gleichen Regeln wie bei einstelligen Zahlen.

5	8	6	8	:	1	2	=	4	8	9
4	8									
1	0	6			P: 4 8 9 · 1 2					
	9	6				4 8 9				
	1	0	8			9 7 8				
	1	0	8			1 1				
			0			5 8 6 8				

Rechne. Mache eine Probe zur Lösungskontrolle.

a) 10 780 : 20
3 160 : 20
9 920 : 20
86 520 : 20

b) 28 150 : 50
31 350 : 50
47 050 : 50
19 000 : 50

c) 14 900 : 25
21 075 : 25
12 400 : 25
23 825 : 25

d) 10 356 : 12
2 976 : 12
4 440 : 12
6 192 : 12

②

In jeder Grundschulklasse sitzen durchschnittlich 23 Schüler.

Max und Lena möchten wissen, wie viele Kinder in ihrer Schule durchschnittlich in einer Klasse sind. Sie kennen die einzelnen Schülerzahlen.

Wir müssen in Gedanken alle Kinder der Schule so auf alle Klassen verteilen, dass in jeder Klasse gleich viele sind.

Also alle Schülerzahlen addieren. Das ergibt 216. Dann durch 9 teilen.

In dieser Schule sind durchschnittlich 24 Kinder in einer Klasse.

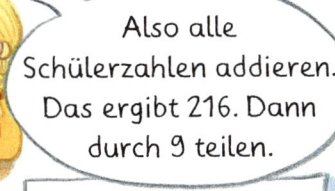

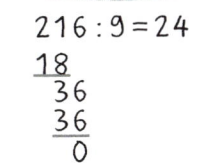

```
216 : 9 = 24
18
 36
 36
  0
```

Schülerzahlen	
Klasse	Anzahl
1a	24
1b	22
2a	28
2b	26
3a	24
3b	26
4a	23
4b	21
4c	22

a) Erkläre, was die Durchschnittszahl aussagt.

b) In der Regenbogengrundschule sind die Schüler so verteilt:
1a: 27, 1b: 26, 2a: 24, 2b: 21, 3a: 25, 3b: 27, 4a: 24, 4b: 26
Berechne, wie viele Schüler eine Klasse im Durchschnitt hat.

③ a) Das Freiluftkino hat jedes Jahr in den Monaten Mai bis September geöffnet.
Wie viele Besucher kamen durchschnittlich in einem Monat im Jahr 2009?

b) Der zweiten Liste kannst du entnehmen, wie viele Zuschauer in den Jahren 2006 bis 2008 durchschnittlich pro Monat ins Kino kamen. Berechne für den Zeitraum 2006 bis 2009, wie viele Besucher das Kino im Durchschnitt pro Jahr hatte.

Besucher 2009	
Mai	1063
Juni	1507
Juli	2018
August	2386
September	1231

Durchschnittliche Besucherzahlen pro Monat	
2006	1946
2007	1523
2008	2406

1 Dividieren durch einfache zweistellige Zahlen, die Einmaleins-Reihen der Zahlen evtl. vorher als Hilfe zum Finden der Teildividenden notieren; **2** Verstehen, was der Durchschnittswert aussagt

77

E▶39 AH▶38 A▶39

Im Kopf oder schriftlich rechnen?

① Wie löst du die Aufgaben – schriftlich oder im Kopf? Rechne.

720 980 : 10 3 804 : 6

4 044 : 4 56 640 : 8

Schrittweise im Kopf?

Schriftlich?

1883 : 7 72 750 : 5

42 021 : 7 15 027 : 3

② Einige Aufgaben kannst du leicht im Kopf lösen. Die übrigen rechne schriftlich.

a) 4 550 : 5
4 560 : 5
5 050 : 5
4 820 : 5

b) 5 036 : 2
4 824 : 4
5 424 : 2
7 472 : 4

c) 3 027 : 3
4 647 : 3
2 421 : 3
1 125 : 3

d) 5 424 : 3
5 424 : 6
2 715 : 3
3 678 : 6

375   613   712   807   904   905   910   912   964   1009   1010   1206   1549   1808   1868   2518   2712

③ Löse jeweils nur eine Aufgabe schriftlich. Die übrigen kannst du dann sicher im Kopf rechnen.

a) 7 345 : 5
7 350 : 5
7 355 : 5
7 360 : 5
_____ : _

b) 4 068 : 3
4 071 : 3
4 074 : 3
_____ : 3
_____ : _

c) 3 546 : 6
3 540 : 6
3 534 : 6
_____ : 6
_____ : _

d) 5 968 : 8
5 960 : 8
5 952 : 8
_____ : _
_____ : _

④

Das Ergebnis einer Divisionsaufgabe nennt man Quotient.

A Bilde den Quotienten aus 4 500 und 9. Meine Zahl ist halb so groß.

B Die Differenz aus 6 600 und 1 555 ist genauso groß wie meine Zahl multipliziert mit 5.

C Subtrahiere 25 von dem Quotienten aus 3 630 und 10.

D Wenn du meine Zahl mit 6 multiplizierst, erhältst du 3 642.

E Dividiere die Differenz aus 7 000 und 288 durch 4.

⑤ a) Finde 4-stellige Zahlen, die du im Kopf durch 5 dividieren kannst. Dividiere sie durch 5. Notiere die Aufgaben mit Ergebnis.

b) Finde 4-stellige Zahlen, die du im Kopf leicht durch 9 dividieren kannst. Notiere und rechne.

c) Nun sind 4-stellige Zahlen gesucht, die du sicher durch 6 teilen kannst. Notiere die Aufgaben.

d) Teile deine Zahlen aus c) durch 3. Was fällt dir auf? Begründe.

3 Veränderungen innerhalb der Aufgaben erfassen und so aus einem errechneten Ergebnis auf alle weiteren Ergebnisse schließen

E▶40   AH▶39   A▶40

1 Rechne.

a)	b)	c)	d)
81 : 9	36 : 6	25 : 5	49 : 7
882 : 9	390 : 6	270 : 5	525 : 7
8 883 : 9	3 924 : 6	2 715 : 5	5 271 : 7
88 884 : 9	39 258 : 6	27 160 : 5	52 717 : 7
888 885 : 9	392 592 : 6	271 605 : 5	527 233 : 7

2 Wie löst du die Teilaufgaben – schriftlich, halbschriftlich oder im Kopf? Rechne.
Was stellst du fest? Warum ist das so? Begründe.

a)
444 : 3 : 37
777 : 37 : 3
555 : 3 : 37

b)
3 · 3 · 37
9 · 37 · 3
37 · 6 · 3

Der Schlüssel ist die Zahl 111.

3 Addieren und Teilen. Was stellst du fest?

a) Addiere drei aufeinander folgende vierstellige Zahlen. Teile das Ergebnis durch 3.

b) Addiere fünf aufeinanderfolgende vierstellige Zahlen. Teile das Ergebnis durch 5.

c) Addiere vier aufeinanderfolgende vierstellige Zahlen. Teile das Ergebnis durch 4.

d) Finde weitere Beispiele und formuliere die Regel.

4 Rechne im Kopf oder schriftlich.

a)	b)
6 407 : 5	52 378 : 5
12 164 : 5	1 063 : 5
7 006 : 5	36 423 : 5
33 333 : 5	248 : 5
5 050 : 5	8 888 : 5

c) Addiere alle Dividenden von a) und alle Dividenden von b). Teile jede Summe durch 5. Sind es Aufgaben mit Rest? Finde eine Begründung für a) und für b).

5

  0 2 4 6

Bilde aus den Zahlenkarten vierstellige Zahlen.

a) Dividiere sie durch 3 und 6.

b) Dividiere sie durch 2 und 4.

Im Kopf · schriftlich · mit Rest

Der Taschenrechner

①

Suche folgende Tasten auf deinem Taschenrechner:

ON/C zum Einschalten/Löschen
(C bedeutet „Clear")

+ addieren **−** subtrahieren

× multiplizieren **÷** dividieren

= Gleichheitszeichen **,** Komma

Welche ist die größte Zahl, die du eintippen kannst?

Wie viele Stellen kann dein Taschenrechner anzeigen?

---

② Drehe den Taschenrechner auf den Kopf und aus Zahlen werden Wörter.

a) Tippe die Zahl 51 379 ein. Drehe den Taschenrechner auf den Kopf. Welches Wort siehst du?

b) Tippe folgende Aufgaben ein. Zu jeder passt ein Lösungswort zur Kontrolle.

1 383 · 3 + 1 359 =	1 424 · 16 + 12 353 =	*LIEBE*	*IGEL*	*SEE*	*SEIL*
807 · 6 + 2 549 =	15 · 17 + 80 =				
982 · 4 + 3 207 =	18 · 32 − 69 =	*BOSS*	*GEIGE*	*LEISE*	*LOS*
7 315 · 5 + 2 564 =	254 · 112 + 9 869 =				

c) Überlege dir weitere Wörter.
Notiere dann Aufgaben, die als Ergebnis die Wörter zeigen.

Ⓜ Erstelle zuerst eine Übersicht.
0 → O
1 → I
3 → E

---

③ Was fällt dir auf? Beschreibe und erkläre.

a) Tippe:

b) Was musst du eintippen, um die 6er-(15er-, 12er-)Reihe als Ergebniszahlen zu erhalten?

---

④ Suche dir einen Partner. Einer von euch rechnet mit dem Taschenrechner und der andere im Kopf. Wer kommt schneller zum Ergebnis?

a)
42 : 6
35 : 7
4 · 15
9 · 7

b)
9 000 + 900 + 90 + 9
2 000 + 3 000 + 5 000
8 000 − 4 000 − 4 000
6 000 − 2 000 + 1 000

c)
1 000 − 998
100 · 34
777 : 7
125 : 5

d)
123 + 321
335 − 45
2 970 : 10
25 · 4

1–3 Den eigenen Taschenrechner kennen lernen;
4 Bei vielen Rechnungen wird kein Taschenrechner benötigt, im Kopf geht es schneller

E▶41 AH▶40 A▶41

(5) Tippe die Aufgaben ein und notiere die Zwischenergebnisse.

Bloß nicht vertippen …

a) $64 \cdot 25 =$ _____ : $4 =$ ____ $+ 264 =$ ____ $- 331 =$ ____

b) $370 \cdot 40 =$ _____ : $8 =$ ____ $+ 451 =$ ____ $- 79 =$ ____

c) $512 \cdot 30 =$ _____ : $12 =$ ____ $+ 629 =$ ____ $- 798 =$ ____

d) ___ $\cdot \ 4 =$ _____ : $6 =$ ____ $+ 334 =$ ____ $- 648 = 444$

(6) Schöne Aufgaben. Wie geht es weiter?

a)
$9 \cdot 9 + 7 = 88$
$98 \cdot 9 + 6 =$ __
$987 \cdot 9 + 5 =$ __
_____ $=$ __

b)
$7 \cdot \ \ 6 = 42$
$67 \cdot \ \ 66 =$ __
$667 \cdot 666 =$ __
_____ $=$ __

c)
$3 \cdot 37 = 111$
$6 \cdot 37 =$ ___
$9 \cdot 37 =$ ___
_____ $=$ ___

d) Erfinde ein eigenes schönes Päckchen.

(7) Multipliziere 37 037 mit 3 (6, 9, 12, 15, …).
Notiere die Ergebnisse. Was fällt dir an ihnen auf? Weshalb ist das so?

(8) Überprüfe zuerst, ob dein Taschenrechner die Rechenregeln beherrscht. Hat er Tasten mit Klammern? Löse die Aufgaben. Notiere, in welcher Reihenfolge du die Aufgaben eintippst.

a)
$111 \cdot (25 + 225)$
$368 : \ \ 4 + \ 58$
$7264 : (57 - \ 49)$

b)
$380 \cdot \ \ 50 - 4 \cdot 500$
$3 \cdot \ 64 + 8 \cdot \ \ 8$
$444 \cdot \ \ 4 - \ \ 248$

c)
$(63 + \ 58) \cdot (\ 97 - 93)$
$125 \ : (120 - 95)$
$(58 - \ 37) \cdot (\ 81 - 78)$

(9) a) Das Herz eines Kolibris schlägt in der Sekunde 20-mal. Wie oft ist das in einer Minute (in einer Stunde / an einem Tag)? Notiere die Ergebnisse.

b) Ein Kolibri bewegt seine Flügel ca. 50-mal pro Sekunde. Wie viele Flügelschläge sind es in einer Minute (in einer Stunde)?

c) Der Kolibri atmet bis zu 250-mal pro Minute. Wie oft ist das in einer Woche? Vergleiche mit deiner Atmung.

d) Führe die Berechnungen auch für einen Storch aus.
Herzschlag pro Minute: 270-mal, Flügelschläge pro Sekunde: 2, Atemzüge pro Minute: 8

Stelle für Kolibri und Storch die Werte Herzschläge, Flügelschläge und Atemzüge pro Minute in einer Tabelle dar. Vergleiche.

(10) Benutze nur diese Tasten des Taschenrechners: [3] [4] [+] [−] [×] [÷] [=]

Erreiche mit möglichst wenigen Eingaben:

a) 20   b) 102   c) 306   d) 82

Notiere die Tastenfolgen.

$[4] [×] [4] [+] [4] [=]$

8 Prüfen, ob der Taschenrechner die Punkt-vor-Strich-Regel automatisch anwendet; falls nicht und falls keine Tasten mit Klammern vorhanden sind, eine geschickte Reihenfolge beim Eintippen der Zahlen finden

81

E▶41 AH▶40 A▶41

Flächeninhalt

①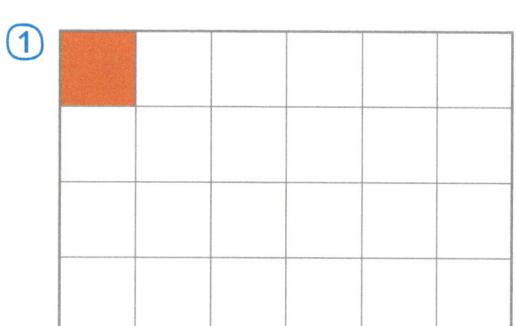

Wie viele solcher Quadrate brauchst du, um das Rechteck zu parkettieren? Schätze zuerst.

1 cm lang, 1 cm breit, 1 Quadratzentimeter groß!

Ein Quadrat mit der Seitenlänge 1 cm ist 1 Quadratzentimeter groß.

② a) Schätze, welche Figur die meisten Quadratzentimeter hat.

b) Bestimme den Flächeninhalt jeder Figur.

Der Flächeninhalt gibt an, wie groß eine Fläche ist. Kleine Flächeninhalte misst man in Quadratzentimetern.

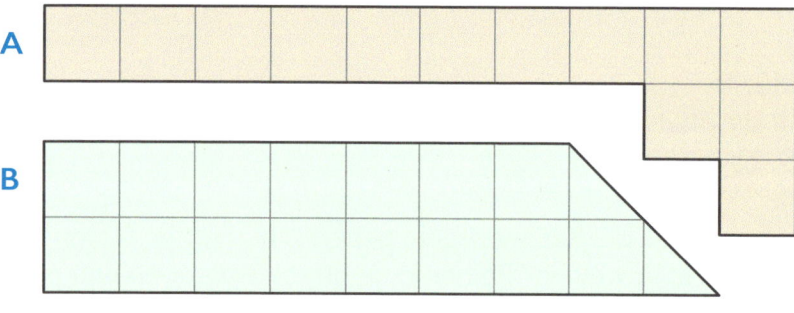

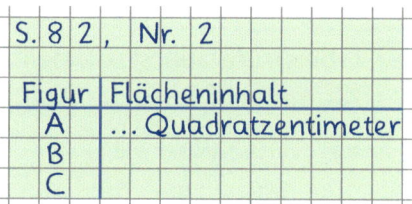

S. 82, Nr. 2	
Figur	Flächeninhalt
A	... Quadratzentimeter
B	
C	

③ Zeichne jeweils verschiedene Rechtecke mit einem Flächeninhalt von ...

a) ... 6 Quadratzentimetern.   b) ... 12 Quadratzentimetern.

c) ... 14 Quadratzentimetern.   d) ... 11 Quadratzentimetern.

④ a) Vergleiche die Größen der blauen Flächen.

b) Kannst du die Flächen jeweils in ein gleich großes Rechteck umwandeln? Wie gehst du vor?

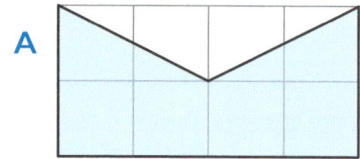
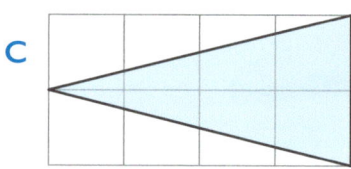

⑤ a) Wie viele Quadratzentimeter groß ist ein Rechteck, das 4 cm lang und 2 cm breit ist?

b) Verdopple Länge und Breite des Rechtecks. Wie verändert sich der Flächeninhalt?

1–5 Flächenmaß „Quadratzentimeter", Begriff „Flächeninhalt" kennen lernen; 1, 2 Flächeninhalte schätzen und genau bestimmen; 3 Erkennen, dass es verschieden geformte Rechtecke mit gleichem Flächeninhalt gibt

E▶42   AH▶41   A▶42

1

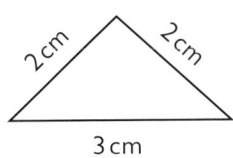

Der Umfang beträgt 3 cm + 2 cm + 2 cm

Berechne den Umfang des Rechtecks!

2 cm
6 cm

Die Länge des Randes einer Figur nennt man Umfang (u). Man erhält den Umfang, indem man alle Seitenlängen addiert.

2 Wie groß ist der Umfang der Flächen?

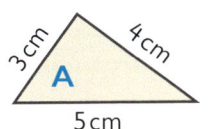

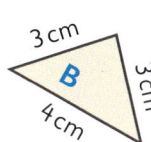

C
5 cm
1,5 cm

D
5 cm
4 cm
2 cm   2 cm
2 cm

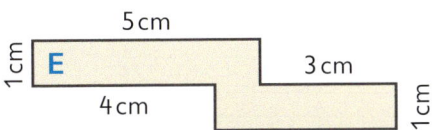

E
5 cm
1 cm
4 cm
3 cm
1 cm

F
2 cm
1 cm
5 cm
3 cm
10,5 cm

G
2 cm
3 cm
1,5 cm
2 cm
3,5 cm
2 cm

3 Zeichne auf Kästchenpapier verschiedene Rechtecke mit einem Flächeninhalt von 24 Quadratzentimeter. Berechne den Umfang. Was stellst du fest?

2 cm
u = 12 cm + 2 cm + 12 cm + 2 cm = _____ cm
12 cm

4 a) Zeichne verschiedene Rechtecke mit einem Umfang von 48 cm. Wie gehst du vor?

b) Ermittle den Flächeninhalt der einzelnen Rechtecke!

Der Quadratmeter

①

Jan und Lea haben ein Quadrat aus Papier hergestellt. Es ist 1 m lang und 1 m breit. Seine Fläche beträgt 1 Quadratmeter.

a) Schätze, wie viele Kinder auf 1 Quadratmeter stehen können.

b) Stellt selbst solche Quadrate her und probiert, wie viele Kinder darauf stehen können.

② Legt auf dem Schulhof verschiedene Flächen, die …

a) … 4 Quadratmeter groß sind.

b) … 5 Quadratmeter groß sind.

c) … 8 Quadratmeter groß sind.

d) … 10 Quadratmeter groß sind.

Zeichnet die Umrisse mit Kreide auf.

> Ein Quadrat mit der Seitenlänge 1 m ist 1 Quadratmeter groß. Große Flächen misst man in Quadratmetern.

③ Die Klassen 3 a und 4 a wollen je ein Beet im Schulgarten bepflanzen.

a) Die 4. Klasse soll das größere Beet bekommen.

b) Das Beet der Klasse 4 b ist um 1 m breiter als das der 4 a. Die Länge ist gleich. Zeichne eine Skizze des Beetes. Zeichne 1 cm für 1 m. Rechne oder zähle, wie groß das Beet der 4 b ist.

Skizze

Beet 1 — 4 m — 4 m

Beet 2 — 3 m — 5 m

④ Auf einem 12 m langen und 8 m breiten Stück des Schulgeländes soll eine Wildwiese entstehen.

a) Wie viele Quadratmeter wird die Wiese groß?

b) Der Hausmeister überlegt, die Wiese noch 2 m breiter anzulegen. Wie viele Quadratmeter größer wird sie dann?

⑤ Was kann sein?

> Unser Klassenraum ist 200 Quadratmeter groß.

> Mein Zimmer ist 15 Quadratmeter groß.

> Die Turnhalle ist 40 Quadratmeter groß.

1 Quadrate mit 1 m Seitenlänge herstellen, Flächenmaß „Quadratmeter" kennen lernen; **2** Erfahren, dass Flächen mit gleichem Flächeninhalt verschieden geformt sein können; **3** Durch Auszählen oder Rechnen die Lösung bestimmen; **4** Lösungen rechnerisch bestimmen, Skizze als Hilfe E▶43 AH▶42 A▶43

Eine Fläche parkettieren heißt, sie ohne Lücken mit Formen auszufüllen.

Wo hast du schon Parkettierungen gesehen? Probiere die Muster zu skizzieren.

② Zeichne diese Parkettmuster ab. Setze sie in alle Richtungen fort.

a)
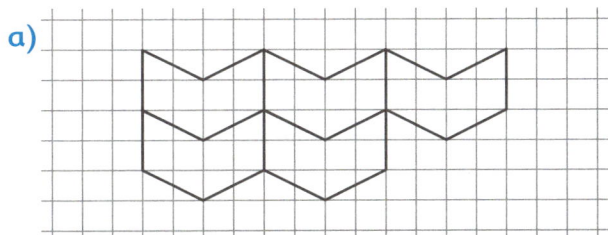

b)
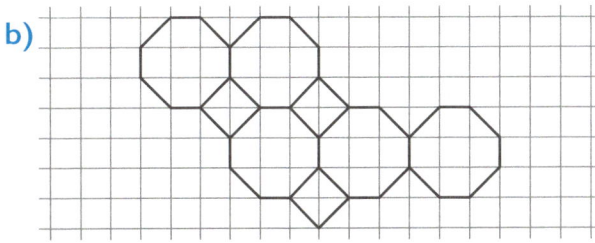

ⓒ Erfinde ein eigenes Parkettmuster.

③ Zeichne zwei Rechtecke mit den Seitenlängen 6 cm und 12 cm in dein Heft.

a) Parkettiere eines der Rechtecke mit gleich großen Dreiecken. Male aus.

b) Wähle Formen aus, mit denen du das zweite Rechteck lückenlos parkettieren kannst.

④ Super M benutzt eine Schablone zum Parkettieren.
Die Schablone ist aus einem Rechteck entstanden.

Erfinde eine eigene Schablone.
Gestalte ein Parkettmuster.

1 Parkettmuster auf den Fotos beschreiben; Parkettmuster in der Umwelt finden und skizzieren; **3** Viele verschiedene Lösungsmöglichkeiten; **4** Durch Ab- / Ausschneiden auf der einen und Ankleben auf der gegenüberliegenden Seite eigene Schablonen herstellen E▶43 AH▶42 A▶43

85

Häufigkeit und Wahrscheinlichkeit – Würfeln

① Würfelzahlen multiplizieren – Ein Zufallsexperiment

Spiele mit einem Partner.
Würfelt abwechelnd mit zwei Würfeln und multipliziert die beiden Würfelergebnisse miteinander.
Spielt einmal nach Regel 1 und einmal nach Regel 2. Notiert die Gewinnpunkte als Strichliste.
Wer hat zuerst 20 Striche?

| Regel 1: Du bekommst einen Punkt, wenn das Ergebnis gerade ist. Dein Partner bekommt einen Punkt, wenn das Ergebnis ungerade ist. | gerade | ‖ |
| | ungerade | ˋ |

| Regel 2: Du bekommst einen Punkt, wenn das Ergebnis größer als 10 ist. Dein Partner bekommt einen Punkt, wenn das Ergebnis kleiner als 10 ist. | größer als 10 | ‖ |
| | kleiner als 10 | ‖‖ |

Vergleicht die Ergebnisse in der Klasse. Was fällt euch auf?

② Stelle alle möglichen Ergebnisse in einer Tabelle dar.

a) Markiere in der Tabelle die geraden und die ungeraden Ergebnisse in unterschiedlichen Farben.

b) Wie oft gibt es Ergebnisse größer als 10 oder kleiner als 10? Markiere in der Tabelle oder zähle aus.

c) Welche der Regeln oben ist gerecht? Erkläre.

S. 86, Nr. 2

·	1	2	3	4	5	6
1	1	2				
2						
3						
4						
5						
6						

③ Überprüfe und vergleiche die Regeln **A** bis **D**.
Bei welcher Regel …

a) … gewinnst du wahrscheinlich?

b) … verlierst du wahrscheinlich?

c) … haben beide Partner die gleichen Chancen?

Du bekommst einen Punkt, wenn …

A … das Ergebnis durch 5 teilbar ist.
Dein Partner bei allen anderen Ergebnissen.

B … das Ergebnis größer oder gleich 10 ist.
Dein Partner bei einem Ergebnis kleiner oder gleich 10.

C … das Ergebnis durch 8 teilbar ist.
Dein Partner bei allen anderen Ergebnissen.

D … das Ergebnis kleiner als 15 ist.
Dein Partner bei Ergebnissen größer als 15.

④ Schreibe eine Regel, bei der du sicher gewinnst.
Welche Chancen hat dein Partner?

Die Regel ist ganz schön unfair!

86

Häufigkeit und Wahrscheinlichkeit – Ziehen

① Ein Zufallsexperiment mit Steckwürfeln

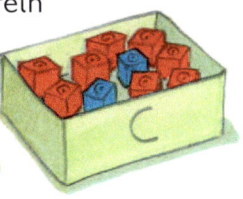

Tom soll ohne hinzusehen einen Würfel aus einer der Kisten ziehen.
Ist der Würfel rot, hat er gewonnen. Tom darf nur einmal ziehen.
Er kann sich aber aussuchen, aus welcher Kiste er ziehen möchte.

a) Bei welcher Kiste ist die Gewinnchance für Tom am größten? Warum?

b) Bei welcher Kiste ist die Gewinnchance für Tom am kleinsten? Warum?

② Maria darf mehrmals aus einer Kiste ziehen, um einen roten Würfel zu bekommen.
Die gezogenen Würfel werden nicht wieder in die Kiste zurückgelegt.

Richtig oder falsch?

Naomi: „Wenn Maria nacheinander 3 Würfel aus Kiste C zieht, ist sicher
ein roter Würfel dabei."

Jonas: „Wenn Maria 5-mal aus Kiste D zieht, bekommt sie sicher einen roten Würfel."

Vedat: „Wenn Maria 5-mal aus Kiste A zieht, ist sicher ein roter Würfel dabei.

Nele: „Aus Kiste B muss Maria am häufigsten ziehen, um sicher einen roten Würfel
zu bekommen."

③ Auch diese Kinder ziehen mehrmals nacheinander, ohne die Würfel zurückzulegen.

a) Ergänze die Lücken in den Sprechblasen.

Wenn ich …-mal aus Kiste D ziehe, bekomme ich sicher einen blauen Würfel.

Wenn ich 3-mal aus Kiste … ziehe, bekomme ich sicher einen blauen Würfel.

Wenn ich …-mal aus Kiste A ziehe, bekomme ich sicher einen blauen Würfel.

b) Schreibe einen eigenen Lückentext für deinen Partner.

④ Was ist wahrscheinlich?

In einer Kiste liegen 10 Steckwürfel. Die Kinder der Klasse 4 b ziehen aus der Kiste 70-mal
einen Würfel, notieren die Farbe und legen ihn wieder zurück.

Was vermutest du?

In der Kiste liegen wahrscheinlich …

A … mehr rote als blaue Würfel.

B … gleich viele rote und blaue Würfel.

C … weniger rote als blaue Würfel.

D … ungefähr halb so viele blaue wie rote Würfel.

1 Gewinnchancen aus dem Verhältnis der Anzahl von roten und blauen Würfeln ableiten; **2** Aussagen überprüfen,
Lösungen begründen; **3** Aussagen so ergänzen, dass sie wahr werden; **4** Es gibt mehrere richtige Vermutungen

87

E▶44   AH▶43   A▶44

Kombinatorik – Verschiedene Reihenfolgen

① Aufstellungen bei einem Staffellauf

Tim, Noah, Sina und Anna wollen sich für einen Staffellauf aufstellen. Sie überlegen, in welcher Reihenfolge sie starten.

a) Tim möchte gern als Erster starten. Wie können sich die Kinder aufstellen? Notiere alle Möglichkeiten. Wie viele sind es?

b) Wie viele Aufstellungen sind möglich, wenn Sina auf dem ersten Platz steht? Notiere alle Möglichkeiten.

c) Wie viele verschiedene Möglichkeiten gibt es insgesamt, wenn jedes Kind den ersten Platz einnehmen kann? Begründe dein Ergebnis.

② Bilde Zahlen aus diesen Ziffern. `5` `2` `4` `9`

a) Notiere alle möglichen vierstelligen Zahlen mit der kleinsten Ziffer an der Tausenderstelle.

b) Notiere alle Zahlen mit der größten Ziffer an der Tausenderstelle.

c) Wie viele verschiedene vierstellige Zahlen kannst du insgesamt aus den Ziffern bilden?

d) Wie viele verschiedene dreistellige Zahlen kann man aus den vier Ziffern bilden? Überlege zuerst: Sind es genauso viele dreistellige wie vierstellige Zahlen? Sind es mehr oder weniger? Probiere dann und schreibe auf.

> Ich nehme zuerst die kleinste Ziffer als Hunderter; die anderen Ziffern der Größe nach an die Zehner- und Einerstelle.

Mio überlegt zuerst, wie viele Möglichkeiten es gibt, wenn er eine Ziffer fest an der ersten Stelle lässt.

e) Wie viele fünfstellige Zahlen gibt es, wenn eine weitere Ziffer hinzukommt? `3` Erkläre deine Lösung.

1 a), b) Durch systematisches Verändern der Reihenfolge alle Möglichkeiten finden, daraus in c) auf die Gesamtzahl der Möglichkeiten schließen; 2 Systematisches Verändern der Reihenfolge, schließen auf die Gesamtzahl der Möglichkeiten E▶45 AH▶44 A▶45

①

> Dieses Rad gibt es in zwei Größen. Jeweils in den Farben rot, blau und schwarz. Mit einer 3-Gang-Schaltung, einer 7-Gang-Schaltung oder einer 21-Gang-Schaltung.

Wie können Kinder ihre Fahrräder zusammenstellen?
In diesem Schaubild findest du alle Möglichkeiten. Man nennt es „Baumdiagramm".

2 Größen in je **3** Farben mit je **3** Schaltungen

```
           ┌─ 3
       r ──┼─ 7
           └─ 21 💚
           ┌─ 3
groß ──  b ──┼─ 7
           └─ 21
           ┌─ 3
       s ──┼─ 7
           └─ 21

           ┌─ 3
       r ──┼─ 7
           └─ 21
           ┌─ 3
klein ── b ──┼─ 7 🧡
           └─ 21
           ┌─ 3
       s ──┼─ 7
           └─ 21
```

a) Schreibe auf, welche Räder sich Max (💚) und Eva (🧡) wünschen.

b) Aus wie vielen Rädern kann Tim wählen?
Aus wie vielen Lea?

> Ich hätte gern ein Fahrrad mit 21 Gängen.

> Ich wünsche mir ein blaues Fahrrad.

c) Wie viele verschiedene Räder gibt es insgesamt?
Kannst du die Anzahl berechnen?
Erkläre deinen Lösungsweg.

② Für das Fahrrad gibt es zwei unterschiedliche Ständer.
Aus wie vielen Rädern kann man nun wählen?

Einbeinständer

Zweibeinständer

> Jedes Fahrrad kann mit jedem Ständer kombiniert werden!

1 Baumdiagramm als Darstellungsmittel für kombinatorische Probleme kennen lernen; durch die strukturierte Darstellung einen rechnerischen Weg zur Ermittlung aller Möglichkeiten finden; **2** Nutzen der Erkenntnisse aus **1**

E ▶ 45   AH ▶ 44   A ▶ 45

Das kann ich schon!

① Dividieren

a)	b)	c)	d)
1 800 : 30	420 000 : 600	6 162 : 3	6 156 : 12
18 000 : 30	420 000 : 6	4 048 : 4	7 340 : 20
180 : 3	42 000 : 60	3 750 : 5	88 088 : 11
180 000 : 30	4 200 : 600	4 200 : 7	22 022 : 11

② Sachrechnen

Bei einem Sponsorenlauf der Grundschule "Am Markt" wird eine Strecke von 3 000 m von insgesamt 15 Läufern der 4. Klasse zurückgelegt. Wie viele Meter lief jeder einzelne Läufer?

③ Rechenregeln

a) 240 : 6 − 2
   240 : (6 − 2)

b) 658 − 26 · 2
   (658 − 26) · 2

c) 52 + 48 : 4 + 16
   (52 + 48) : (4 + 16)

Gut, dass es Regeln für die Reihenfolge gibt.

④ Häufigkeit – Wahrscheinlichkeit

Würfelspiel: Bilde aus einer gewürfelten Zahl und der gegenüberliegenden Zahl eine zweistellige Zahl. Zum Beispiel:

61
16

a) Welche Zahlen können entstehen?

b) Mögliche Regeln:

Du bekommst einen Punkt, wenn …

A … deine Zahl kleiner ist als 20.
B … deine Zahl größer ist als 15.
C … deine Zahl durch 3 teilbar ist.
D … deine Zahl größer als 30 ist.

Bei welcher Regel …
… gewinnst du sicher?
… ist es unmöglich zu gewinnen?

c) Vergleiche die Regeln A und D. Nach welcher Regel möchtest du lieber spielen? Begründe.

1 Unter Nutzung von Analogieaufgaben im Kopf, halbschriftlich oder schriftlich dividieren; **3** Rechenregeln „Klammern zuerst" bzw. „Punkt-vor-Strich" anwenden; **4** Alle möglichen Ergebnisse notieren, von der Häufigkeit der einzelnen Ergebnisse auf die Gewinnchancen schließen E▶46 A▶46

E ▶ 46   A ▶ 46

⑤ Parkettierungen

Zeichne ab
und setze die
Parkettmuster in
alle Richtungen
fort.

a)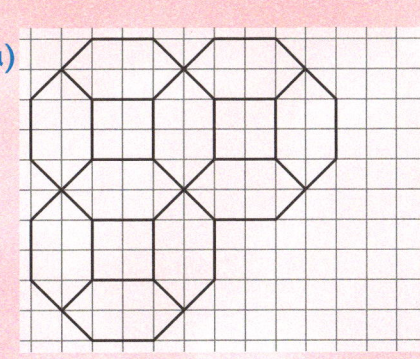

b)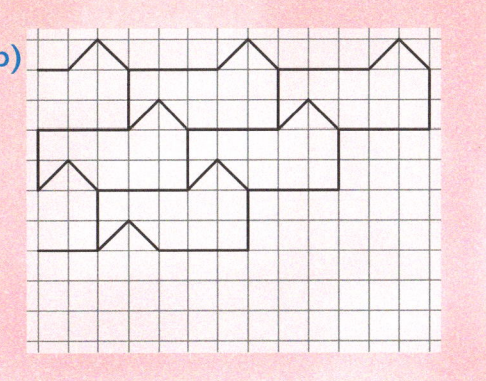

⑥ Flächeninhalt – Quadratzentimeter

a) Schätze, welche Figur den größeren
Flächeninhalt hat.

b) Bestimme den Flächeninhalt
der Figuren.

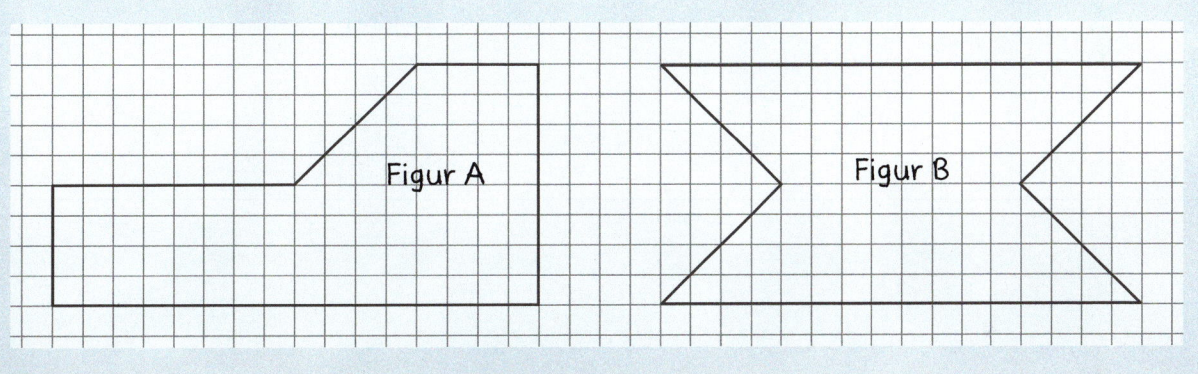

⑦ Umfang

Miss und berechne den Umfang der Flächen!

⑧ Zeichne Rechtecke mit einem Flächeninhalt
von 36 Quadratzentimetern.
Berechne den Umfang und vergleiche!

Sachrechnen – Zeitpunkte und Zeitspannen

Magdeburg → **Stendal**

Ab	Zug	An	Verkehrstage
7:08	RB 36808	7:56	täglich
7:57	RE 36058	8:33	Mo–Sa
8:08	RB 36258	8:58	täglich
9:03	RE 36064	9:42	täglich
9:08	RB 36812	9:56	täglich
10:08	RB 36262	10:56	täglich
11:03	RE 36066	11:42	täglich
11:08	RB 36814	11:56	täglich
12:08	RB 36814	12:56	täglich
13:03	RE 36068	13:42	tä...
13:08	RB 36818	13:56	tä...
14:03	RE 36070	14:41	F...
14:08	RB 36818	14:56	
15:03	RB 36822	15:42	
15:08	RB 36822	15:56	
16:03	RE 36074	16:42	
16:08	RB 36824	16:5...	
17:03	RE 36076	17:4...	
17:08	RB 36826	17:...	

Stendal → **Magdeburg**

Ab	Zug	An	Verkehrstage
7:57	RB 36807	8:44	täglich
8:57	RB 36809	9:44	täglich
9:57	RB 36811	10:44	täglich
10:57	RB 36813	11:44	täglich
11:57	RB 36815	12:44	täglich
12:11	RE 36069	12:51	täglich
12:57	RB 36265	13:44	täglich
13:57	RB 36817	14:44	täglich
14:11	RE 36053	14:51	Fr
14:11	RE 36071	14:51	Mo–Do, Sa, So
14:58	RB 36819	15:45	täglich
15:12	RE 36055	15:52	Fr
15:57	RB 36821	16:44	täglich
16:11	RE 36073	16:51	täglich
16:57	RB 36823	17:44	täglich
17:57	RB 36825	18:44	Mo–Sa
18:11	RE 36075	18:51	täglich
18:58	RB 36827	19:45	täglich
19:57	RB 36829	20:44	täglich
20:11	RE 36077	20:51	täglich
20:57	RB 36281	21:44	täglich

Stendal → **Tangermünde**

Ab	Zug	An	Verkehrstage	
0:19	RB 36345	0:30	So	01
5:04	RB 36301	5:16	Mo–Fr	
6:04	RB 36303	6:16	Mo–Fr	
6:47	RB 36305	6:59	Mo–Fr	
7:04	RB 36307	7:16	Sa, So	
7:19	RB 36309	7:31	Mo–Fr	
8:04	RB 36311	8:16	täglich	
9:04	RB 36313	9:16	täglich	
10:04	RB 36315	10:16	täglich	
11:04	RB 36317	11:16	Sa, So	
12:16	RB 36319	12:28	täglich	

Ab	Zug	An	Verkehrstage
13:04	RB 36321	13:16	täglich
14:16	RB 36323	14:28	täglich
15:04	RB 36325	15:16	täglich
16:16	RB 36327	16:28	täglich
17:04	RB 36329	17:16	täglich
18:16	RB 36331	18:28	täglich
19:04	RB 36333	1916	täglich
20:16	RB 36335	20:28	täglich
21:15	RB 36337	21:27	täglich
22:20	RB 36339	22:32	täglich
23:16	RB 36341	23:28	Sa	02

01 = So; auch 3., 31. Oktober
02 = Sa; auch 2., 30. Oktober

Tangermünde → **Stendal**

Ab	Zug	An	Verkehrstage
4:27	RB 36300	4:40	Mo–Fr
5:37	RB 36302	5:50	Mo–Fr
6:24	RB 36304	6:36	täglich
7:05	RB 36306	7:18	Mo–Fr
7:37	RB 36308	7:50	täglich
8:29	RB 36310	8:42	täglich
9:24	RB 36312	9:37	täglich
10:37	RB 36314	10:50	Sa, So
11:24	RB 36316	11:37	täglich
12:37	RB 36318	12:50	täglich
13:24	RB 36320	13:37	täglich

Ab	Zug	An	Verkehrstage	
14:37	RB 36322	14:50	täglich	
15:24	RB 36324	15:37	täglich	
16:37	RB 36326	16:50	täglich	
17:24	RB 36328	17:37	täglich	
18:37	RB 36330	18:50	täglich	
19:24	RB 36332	19:37	täglich	
20:37	RB 36334	20:50	täglich	
21:34	RB 36336	21:46	täglich	
22:47	RB 36338	23:00	Sa	01
23:57	RB 36340	0:10	Sa	01

01 = Sa: auch 2.. 30. Oktober

① Marie und Alex planen mit ihren Eltern einen Sonntagsausflug nach Tangermünde. In Stendal müssen sie umsteigen.

a) Sie möchten um 10.08 Uhr in Magdeburg losfahren. Erkläre die Rechenwege und ermittele die Fahrtdauer und die Ankunftszeit!

Marie: 10.08 Uhr $\xrightarrow{+}$ 10.56 Uhr $\xrightarrow{+}$ 11.04 Uhr $\xrightarrow{+}$ ___

Alex: 10.08 Uhr $\xrightarrow{+}$ 11.04 Uhr $\xrightarrow{+}$ ___

b) Die Familie möchte spätestens um 20 Uhr wieder in Magdeburg sein. Wann können sie in Tangermünde losfahren? Wie viel Zeit bleibt zum Umsteigen in Stendal?

② Marie und Alex erzählen in der Schule von der schönen Stadt in der Altmark und planen mit ihrer Klasse eine Fahrt nach Tangermünde.

a) Wann muss die Klasse in Magdeburg losfahren, wenn die Kinder um 10 Uhr an einer Stadtführung teilnehmen möchten?

b) Wie viel Zeit bleibt von der Ankunft des Zuges bis zur Stadtführung?

c) Der Fußweg zum Markt beträgt 10 Minuten. Können die Kinder unterwegs noch Postkarten kaufen?

1 Sich im Fahrplan orientieren; **2** Mit Pfeilbildern Sachaufgaben zur Zeit lösen

E ▶ 47   AH ▶ 45   A ▶ 47

③ Der Stadtführer erklärt den Kindern, dass die 24 Meter hohe Schauwand des Rathauses um 1430 gebaut und die Gerichtslaube etwa 50 Jahre später ergänzt wurde. Wie viele Jahre sind seitdem vergangen?

④ An der Backsteinwand des Rathauses entdecken die Kinder alte Maßeinheiten, die früher verwendet wurden.

Die Magdeburger Elle ist 62,5 cm lang, die Brandenburger Elle 40 mm länger.

Wie viel Meter Stoff würde ein Gewandschneider aus Magdeburg heute für 5 Ellen Stoff erhalten?
Vergleiche mit der Stoffmenge eines Brandenburger Gewandschneiders!

5 Ellen Tuch für einen Umhang

⑤ Ergänze die Tabellen im Heft.

a)

Abfahrt	Fahrtzeit	Ankunft
5.08 Uhr	48 min	
12.57 Uhr	47 min	
13.03 Uhr	min	13.42 Uhr
14.37 Uhr	min	15.45 Uhr
Uhr	13 min	0.10 Uhr
Uhr	45 min	4.42 Uhr

b)

Abfahrt	Fahrtzeit	Ankunft
17.09 Uhr		19.48 Uhr
13.55 Uhr		20.13 Uhr
22.36 Uhr		1.14 Uhr
	2 h 46 min	21.34 Uhr
	8 h 25 min	17.09 Uhr
	3 h 45 min	0.18 Uhr

⑥ Besorge dir einen Fahrplan aus deiner Umgebung (Bus, Zug, Schiff …).
Stellt eure Fahrpläne in der Klasse vor.
Erfinde Aufgaben zu deinem Fahrplan und notiere sie für andere Kinder.
Tauscht die Aufgaben untereinander aus.

Im Internet findest du viele Fahrpläne.

3, 4 Aufgaben mit Hilfe des Fahrplans lösen; 5 Zeitpunkte und Zeitspannen berechnen;
6 Verschiedene Fahrpläne aus der eigenen Umgebung kennen lernen, Aufgaben dazu entwickeln
E▶47   AH▶45   A▶47

93

Sachrechnen – Skizzen und Tabellen

① Vor und zurück

A Eine Treppe hat 12 Stufen. Nele läuft immer drei Stufen nach oben und dann wieder zwei Stufen nach unten. Wie viele Stufen hat sie insgesamt betreten, bis sie oben ankommt?

Das weiß ich schon.
Das will ich wissen.
So finde ich das heraus.
Das weiß ich jetzt

B Eine Schnecke will eine 3 m hohe Mauer hochkriechen. Jeden Tag schafft sie 1,50 m nach oben. In der Nacht rutscht sie immer wieder 50 cm nach unten. Am wievielten Tag kommt sie oben an?

a) Vergleiche beide Aufgaben. Gibt es Gemeinsamkeiten?

b) Welche Lösungsidee passt zu welcher Aufgabe? Diskutiere die unterschiedlichen Ideen. Wähle jeweils eine Lösungsidee aus und führe sie zu Ende. Löse damit die Aufgaben.

c) Verändere Aufgabe B so, dass du sie wie A berechnen kannst.

1

1. Tag	1. Nacht	2. Tag	2. Nacht	3. Tag
1,5 m	1 m	2,5 m	...	...

94

② Tauschgeschäft

In ihrer freien Zeit tauschen die Kinder gerne Sticker. Mio, Ali, Jonas, Lena und Naomi haben zusammen 60 Sticker. Jonas hat halb so viele wie Naomi. Lena hat einen weniger als Jonas. Ali hat doppelt so viele wie Lena. Naomi hat 16 Sticker.

Welche Lösungsansätze helfen dir die Aufgabe
zu bearbeiten? Diskutiert die unterschiedlichen Ideen.
Löse die Aufgabe.

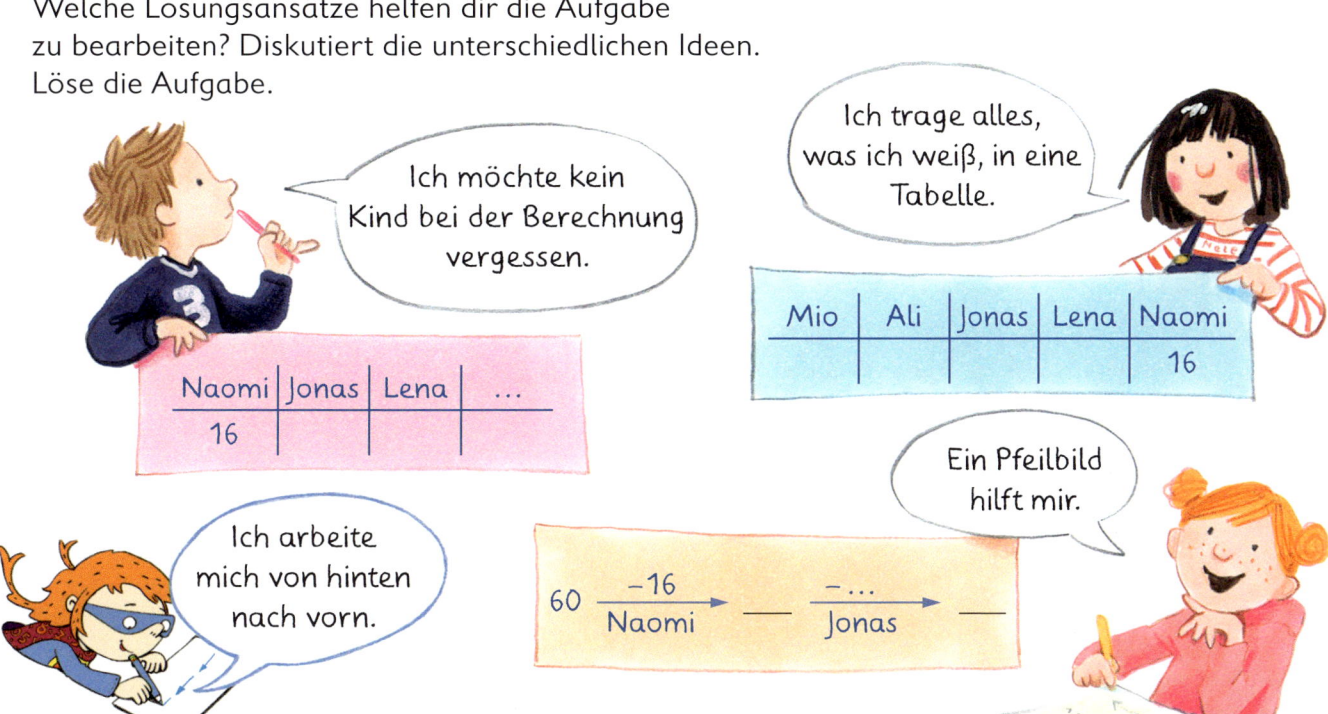

③ Unterschiede

In einer Klasse lernen 28 Kinder. 22 Kinder sammeln Sticker, 14 besitzen Sammelkarten. Zwei Kinder sammeln weder Sticker noch Sammelkarten.

Finde Fragen, berechne und antworte.

Achsensymmetrie

①

1. Falte zweimal.

2. Zeichne und schneide aus.

3. Falte auf.

a) Benutze quadratisches Papier. Falte, zeichne und schneide wie im Beispiel.

b) Stelle eigene Blüten her. Wie viele Symmetrieachsen haben deine Blüten?

---

② Nele hat zweimal gefaltet und dann geschnitten. Welche Teile gehören zusammen?

A 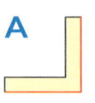   B   C    D    E

1    2 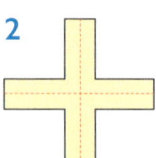   3 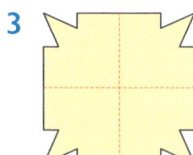   4 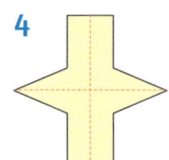   5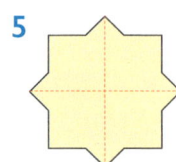

---

③ Übertrage die Figuren in dein Heft.
Spiegle zuerst an der roten Achse. Spiegle dann alles an der blauen Achse.

a) 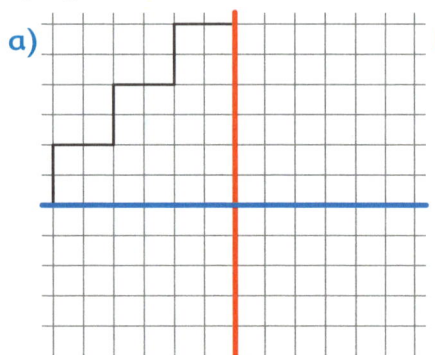   b) 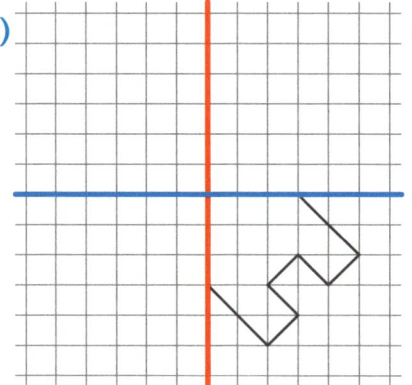   c)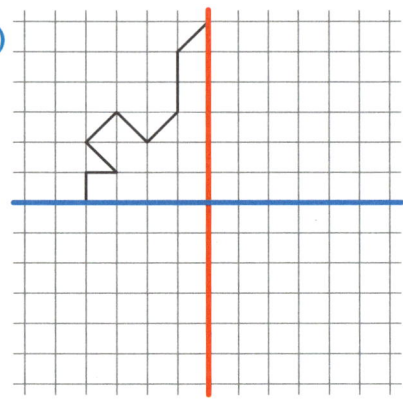

④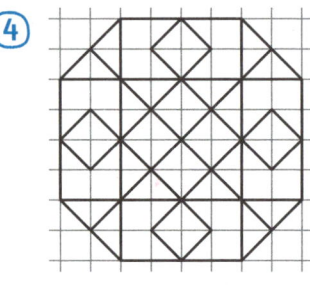

Zeichne die Figur zweimal in dein Heft.
Male eine so aus, dass sie zwei Symmetrieachsen hat.
Male die andere so aus, dass sie nur eine senkrechte Symmetrieachse hat.

1 Figuren mit mindestens zwei Symmetrieachsen herstellen; 3 Durch Spiegeln einer Teilfigur an zwei senkrecht aufeinanderstehenden Achsen entsteht eine Figur mit mindestens zwei Symmetrieachsen

E▸49 AH▸48 A▸49

① Baue aus quadratischem Tonpapier, einer Stecknadel und einem Holzstab dieses Windrad.

1. Falte nacheinander zweimal zum Kopftuch. Öffne jedes Mal wieder.

2. Schneide von den Ecken her bis zur Hälfte der Faltlinien.

3. Biege nacheinander jede zweite Ecke bis zur Mitte. Die Spitzen sollen übereinanderliegen.

4. Stich die Stecknadel durch alle 4 Spitzen und in einen Holzstab.

Das Windrad dreht sich um einen Drehpunkt. Wo liegt er?

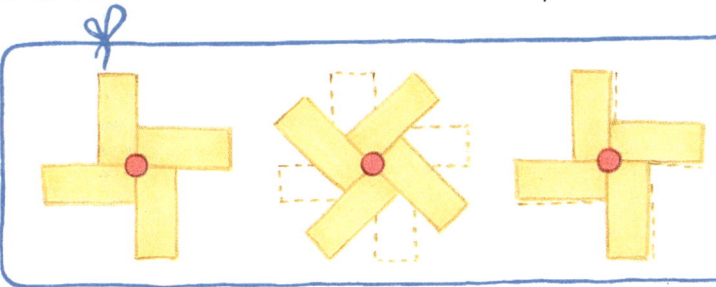

Eine Figur ist drehsymmetrisch, wenn sie nach Drehung um einen Drehpunkt aussieht wie vorher. Dabei reicht es, wenn man nur ein Stück weiterdreht.

② **a)** Welche Gegenstände sind drehsymmetrisch? Wo liegt der Drehpunkt?

b) Nach wie vielen Teildrehungen ist eine ganze Drehung erreicht?

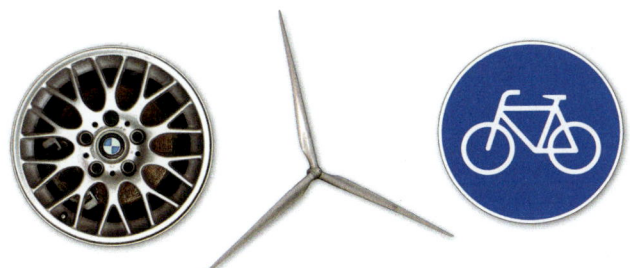   

c) Finde in deiner Umwelt weitere drehsymmetrische Gegenstände.

③ Drehsymmetrie oder Achsensymmetrie?
Zeichne genau ab und setze das Bandornament fort.

a)

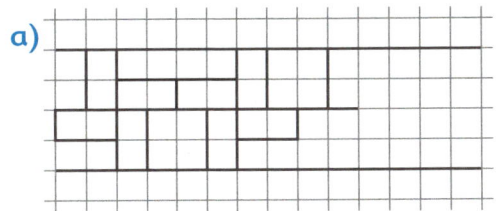

b)

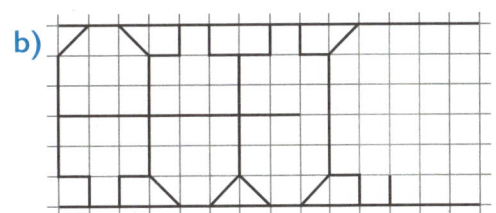

1 Windrad nachbauen, Lage des Drehpunktes beschreiben; Definition einer drehsymmetrischen Figur verstehen;
3 Durch „Drehen" und „Spiegeln" oder „Schieben" Bandornamente fortsetzen

97

E▶49 AH▶49 A▶49

Kreis und Zirkel

① a) Bestimme jeweils Radius und Durchmesser der Kreise.

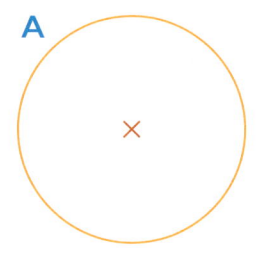

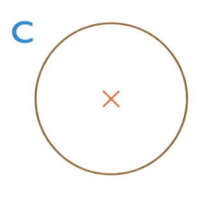

Erkläre die Begriffe Mittelpunkt (M), Radius (r), Durchmesser (d) und Kreislinie.

b) Vergleiche bei jedem Kreis Radius und Durchmesser. Was fällt dir auf?

② Zeichne mit dem Zirkel Kreise.

a) mit dem Radius
2 cm; 30 mm; 5 cm; 4,5 cm; 2,5 cm

b) mit dem Durchmesser
4 cm; 80 mm; 7 cm; 5,6 cm; 4,8 cm

③ Welche Kreisfigur und welche Anleitung passen zusammen?
Zeichne nach Anleitung und vergleiche.

a) Zeichne einen Kreis mit dem Radius 2 cm. Zeichne um den gleichen Mittelpunkt weitere Kreise. Der Radius soll dabei immer um 1 cm größer werden.

b) 1. Markiere auf einer geraden Linie 5 Punkte im Abstand von 5 mm.
2. Zeichne um jeden Punkt einen Kreis mit r = 2 cm.

c) 1. Zeichne ein Quadrat mit der Seitenlänge 4 cm.
2. Zeichne um jeden Eckpunkt einen Viertelkreis mit r = 2 cm, so dass die Kreislinie innerhalb des Quadrates liegt.

d) 1. Zeichne ein Quadrat mit der Seitenlänge 5 cm.
2. Markiere die Mittelpunkte der Seiten.
3. Zeichne um jeden Seitenmittelpunkt einen Halbkreis mit r = 2,5 cm, so dass die Kreislinie innerhalb des Quadrates liegt.

Viertelkreis

Halbkreis

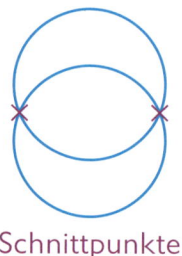
Schnittpunkte

e) 1. Zeichne einen Kreis mit r = 1,5 cm (Innenkreis).
2. Zeichne um denselben Mittelpunkt einen Kreis mit r = 2,5 cm (Außenkreis).
3. Wähle einen Punkt auf der Kreislinie des Innenkreises als Mittelpunkt. Zeichne mit dem Radius 1,5 cm ein Stück eines Kreisbogens so, dass die Kreislinie nicht über den Außenkreis hinausgeht.
4. Zeichne so fünf weitere Kreisbögen. Ihr Mittelpunkt soll immer auf einem der Schnittpunkte des vorhergehenden Kreisbogens mit dem Innenkreis liegen.

A  **B**  **C**  **D**  **E**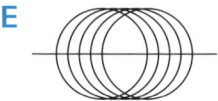

1–3 Mit Fachbegriffen arbeiten; **3** Kreisfiguren der Anleitung zuordnen, Zuordnung der Zeichen nach Anleitung überprüfen

E ▶ 50 AH ▶ 50 A ▶ 50

4 Zeichne genau ab und setze die Bandornamente fort. Male sie aus.

a)
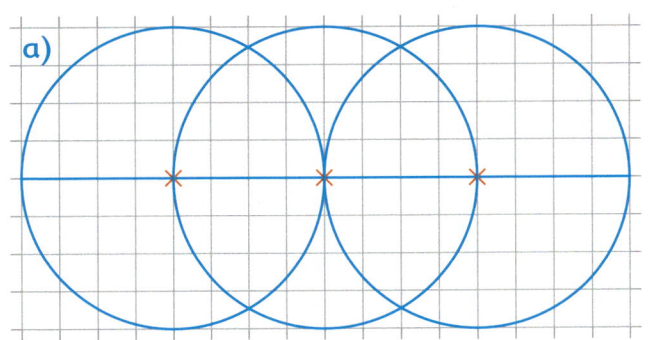

b)
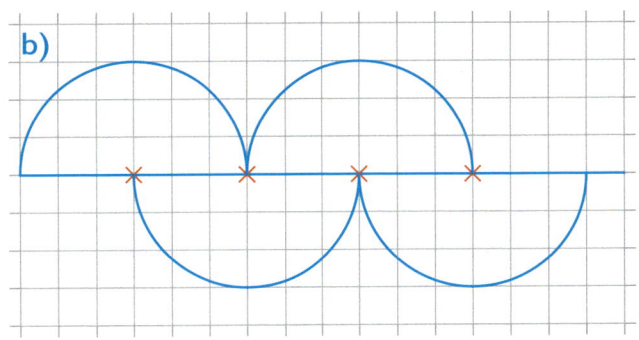

c) Zeichne eigene Bandornamente mit dem Zirkel.

5 Zeichne diese Figuren größer ab. Die eingezeichneten Mittelpunkte helfen dir.

a)

b)
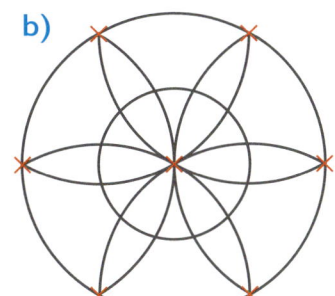

c)
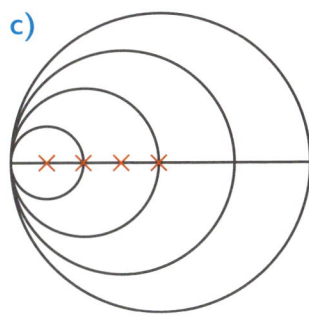

6 Zeichne diese Figuren größer ab. Die eingezeichneten Mittelpunkte helfen dir.

a) Zeichne zuerst ein Quadrat mit einer Seitenlänge von 2 cm.

A
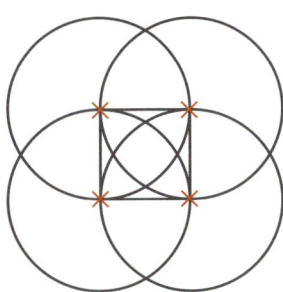

B
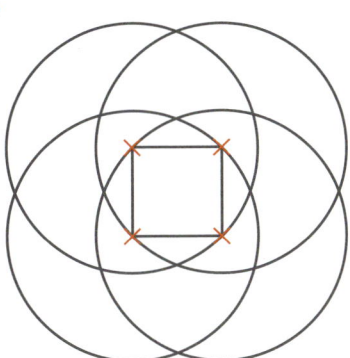

C
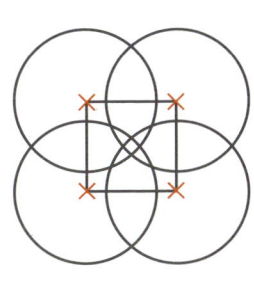

b) Zeichne zuerst ein Rechteck mit einer Länge von 2 cm und einer Breite von 3 cm.

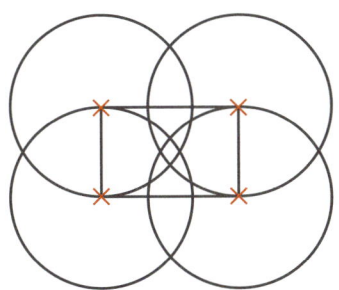

c) Zeichne zuerst ein Parallelogramm.

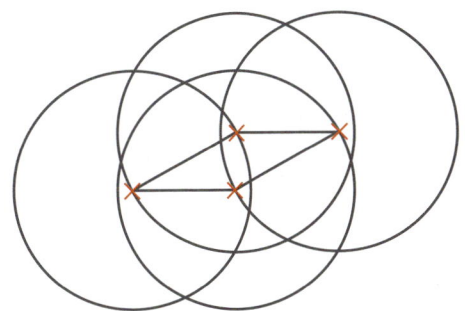

Vielfache und Teiler

① Vielfache

1 2 3 4 5 6 7 8 9 10 11 12 13 14 15 16 17 18 19 20 21 22 23 24 25 26 27 28 29 30 31 32 33 34 35 36 37 38 39 40 41 42 43 44 45 46 47 48 49 50

Die blau markierten Zahlen gehören zur 3er-Reihe. Sie sind Vielfache von 3.

a) Schreibe alle Vielfachen von 3 zwischen 1 und 100 so auf: V_3 = 3, 6, 9, … 99

b) Die rot markierten Zahlen sind Vielfache von ___. Notiere die Vielfachen zwischen 1 und 100.

c) Bestimme alle Vielfachen von 4 zwischen 1 und 100. V_4 = 4, 8, …

② Gemeinsame Vielfache

a) Ist 45 ein Vielfaches von 3, von 4 oder von 5? Wie ist es mit 72 und mit 100?

b) Notiere die Zahlen bis 100, die gleichzeitig Vielfache von 3 und 5 sind. $V_{3,\,5}$ = 15, …

c) Welche gemeinsamen Vielfachen haben 3, 4 und 5?

24 ist ein gemeinsames Vielfaches von 2 und 6.

③ Teiler

Ich suche alle Zahlen, durch die man 16 teilen kann, ohne dass ein Rest bleibt.

Teiler von 16

16 : 1 = 16
16 : 2 = 8
16 : 4 = 4
16 : 8 = 2
16 : 16 = 1

T_{16} = 1, 2, 4, 8, 16

Teiler von 15

15 : 1 = 15
15 : 3 = 5
15 : 5 = 3
15 : 15 = 1

T_{15} = 1, 3, 5, 15

15 kann man nur durch 1, 3, 5 und sich selbst teilen.

Notiere alle Teiler von 18, von 20, von 36, von 60 und von 100.

a) T_{18} = ___   b) T_{20} = ___   c) T_{36} = ___   d) T_{60} = ___   e) T_{100} = ___

④ Primzahlen

a) Notiere alle Teiler. T_2 = ___, T_{13} = ___, T_{17} = ___, T_{29} = ___, T_{41} = ___, T_{67} = ___

b) Was fällt dir auf?

Zahlen, die genau zwei verschiedene Teiler haben, heißen Primzahlen.

⑤ a) Wie heißen die Zahlen?

b) Erfinde eigene Rätsel. Benutze die Begriffe „Teiler", „Vielfaches" und „Primzahl".

> Meine Zahl ist gerade und Teiler von 12 und 14. Lea

> Meine Zahl ist eine gerade Primzahl. Tom

> Meine Zahl ist Teiler von allen Zahlen. Max

> Welche Zahl liegt zwischen 60 und 70 und ist gemeinsames Vielfaches von 4 und 8? Maria

1, 2 Begriffe „Vielfache" und „gemeinsame Vielfache" kennen lernen; **3** Begriff „Teiler" kennen lernen; **4** Zahlen mit genau zwei natürlichen Teilern heißen Primzahlen; **5** Mit den Begriffen „Vielfache", „Teiler", „Primzahl" umgehen

E ▶ 51   AH ▶ 51   A ▶ 51

(1)

Durch 2, 5 oder 10 teilbare Zahlen erkenne ich sofort an der letzten Ziffer.

18 090	9 632	584
506 825	724	20 005
279	1002	4 311	15 471

Die Quersumme hilft mir zu sehen, ob eine Zahl ohne Rest durch 9 teilbar ist.

Mit Hilfe der Quersumme weiß ich: 4 311 ist ohne Rest durch 3 teilbar.

Überlege, welche Regeln die Kinder für die Teilbarkeit von Zahlen kennen.

(2) a) Notiere alle durch 2 teilbaren Zahlen von der Tafel im Heft.

b) Schreibe die Zahlen auf, die du durch 5 teilen kannst. Notiere dann die Zahlen, die durch 10 teilbar sind.

c) Sieh dir die Zahlen genau an. Ergänze die Regeln im Heft.

Eine Zahl ist durch 2 teilbar, wenn …
Eine Zahl ist durch 5 teilbar, wenn …
Eine Zahl ist durch 10 teilbar, wenn …

Die letzte Ziffer!

(3) Teilbarkeit durch 3

a) Dividiere diese Zahlen durch 3. Berechne die Quersumme (QS) jeder Zahl.

| 36 402 | 100 000 | 263 043 | 882 411 |
| 29 718 | 999 999 | 300 376 | 516 403 |

S. 1 0 1, Nr. 3
a) 3 6 4 0 2 : 3 = 1 2 1 3 4
QS: 3 + 6 + 4 + 2 = 1 5

b) Notiere die Zahlen aus **a)**, die du ohne Rest durch 3 teilen kannst. Schreibe immer ihre Quersumme dazu. Finde weitere Zahlen, die durch 3 teilbar sind. Notiere sie mit ihrer Quersumme. Was fällt dir an den Quersummen auf?

c) Ergänze die Regel und notiere sie als Merksatz.

Eine Zahl ist durch 3 teilbar, wenn ihre Quersumme …

(4) Dividiere diese Zahlen durch 9. Findest du auch hier eine Regel?

73 089   87 621   162 349   208 125   21 402   299 862

(5) Wahr oder falsch? Begründe.

Eine Zahl, die durch 3 teilbar ist, kann man auch durch 6 teilen.   Ali

Jede durch 10 teilbare Zahl ist auch durch 5 teilbar.   Lea

Alle Vielfachen von 3 haben eine durch 9 teilbare Quersumme.   Nina

2 Regeln für die Teilbarkeit einer Zahl durch 2, 5 und 10 formulieren; **3, 4** Regel für die Teilbarkeit durch 3 bzw. durch 9 entwickeln; **5** Aussagen zur Teilbarkeit prüfen, Lösungen erklären

101

E ▶ 51   AH ▶ 51   A ▶ 51

Gleichungen und Rechenketten

Ich berechne den Unterschied zwischen den beiden Zahlen.

Gesucht: das geheimnisvolle x

$36\,120 + \times = 36\,900$

Ich rechne die Umkehraufgabe.

$36\,900 - 36\,120 = 780$

$x = 780$

① Bestimme den Wert von x.

a) $340 + x = 424$
$250 + x = 318$
$410 + x = 638$
$583 + x = 620$

b) $518 - x = 308$
$930 - x = 750$
$625 - x = 115$
$430 - x = 382$

c) $x + 980 = 1\,000$
$x + 1\,630 = 1\,740$
$x + 5\,240 = 6\,100$
$x + 2\,418 = 3\,000$

S.	1	0	2	,	Nr.	1		
a)		4	2	4	−	3	4	0	=	8	4
							x	=	8	4

② Bestimme x.

a) $100 \cdot x = 800$
$400 \cdot x = 1\,200$
$250 \cdot x = 1\,000$
$150 \cdot x = 600$

b) $1\,000 : x = 100$
$2\,400 : x = 300$
$7\,200 : x = 8$
$3\,200 : x = 20$

c) $x \cdot 8 = 96$
$x \cdot 15 = 375$
$x \cdot 40 = 1\,280$
$x \cdot 70 = 1\,400$

S.	1	0	2	,	Nr.	2		
a)		8	0	0	:	1	0	0	=	8
							x	=	8

③ Zahlenrätsel als Rechenketten. Wie heißt die gesuchte Zahl?

Ich denke mir eine Zahl, multipliziere sie mit 5 und addiere 62. Das Ergebnis ist 102. Paula

$$x \; \underset{:5}{\overset{\cdot 5}{\rightleftarrows}} \; \underline{\quad} \; \underset{-62}{\overset{+62}{\rightleftarrows}} \; 102$$

Ich schreibe als Rechenkette und rechne dann zurück. Aus $\overset{\cdot 5}{\rightarrow}$ wird $\underset{:5}{\leftarrow}$.

Schreibe zu jedem Rätsel die Rechenkette. Rechne zurück und finde die Zahl.

A Ich dividiere meine Zahl durch 4, addiere 174 und erhalte 182.
$$x \overset{:4}{\rightarrow} \underline{\quad} \overset{+}{\rightarrow} 182$$

B Ich dividiere meine Zahl durch 2 und addiere 425. Dieses Ergebnis verdopple ich und erhalte 1000.
$$x \rightarrow \underline{\quad} \rightarrow \underline{\quad} \rightarrow 1000$$

C Ich addiere 101 zu meiner Zahl und teile dann durch 10. Dann multipliziere ich mit 6 und erhalte 120.
$$x \rightarrow \underline{\quad} \rightarrow \underline{\quad} \rightarrow 120$$

④ Erfinde zu jeder Rechenkette ein Zahlenrätsel. Wie heißt die gesuchte Zahl?

a) $x \overset{-70}{\rightarrow} \underline{\quad} \overset{+6}{\rightarrow} 83$

b) $x \overset{\cdot 4}{\rightarrow} \underline{\quad} \overset{-2\,500}{\rightarrow} 1\,500$

c) $x \overset{:2}{\rightarrow} \underline{\quad} \overset{+444}{\rightarrow} 1\,444$

d) $x \overset{+80}{\rightarrow} \underline{\quad} \overset{:8}{\rightarrow} \underline{\quad} \overset{-12}{\rightarrow} 0$

e) $x \rightarrow \underline{\quad} \rightarrow \underline{\quad} \rightarrow \underline{\quad}$

Ich denke mir eine Zahl und subtrahiere 70. Dann addiere ich …

S.	1	0	2	,	Nr.	4		
a)	Ich denke mir eine Zahl …							

$$x \; \underset{+70}{\overset{-70}{\rightleftarrows}} \; \underline{\quad} \; \underset{-6}{\overset{+6}{\rightleftarrows}} \; 83$$

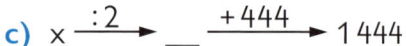

1, 2 Einfache Gleichungen mit einer Unbekannten lösen; **3** Komplexe Zahlenrätsel mit Hilfe von Rechenketten lösen;
4 Zu Rechenketten Zahlenrätsel schreiben, den Wert von x bestimmen

E ▶ 52   AH ▶ 52   A ▶ 52

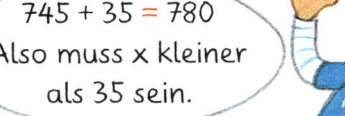

745 + x < 780
Lösungen für x = 0, 1, 2, … 34

745 + 35 = 780
Also muss x kleiner als 35 sein.

Ungleichungen –
Welche Zahlen passen für x?

x · 12 < 36
x = 0, 1, 2

3 · 12 = 36
Also ist x kleiner als 3.
Es gibt 3 Lösungen.

① Bestimme den Wert von x.

Ungleichungen können mehrere, keine oder unendlich viele Lösungen haben.

keine Lösung:
x + 8 < 5
keine Lösung

unendlich viele Lösungen:
x + 8 > 25
x = 18, 19, 20, …

mehrere Lösungen:
x + 8 < 25
x = 0, 1, 2, … 16

a) 144 + x < 150
     73 + x < 100
  1089 + x < 1 100
  4 600 + x > 4 650

b) x +   430 > 500
    x + 2 471 < 2 500
    x + 1 063 > 1 080
    x +   111 < 100

c)   631 − x < 600
     450 − x > 425
   1 000 − x > 988
     360 − x < 258

d) 240 < 256 − x
    810 > 811 − x
    360 < 350 − x
      0 < 100 − x

② a) x · 9 < 63
      x · 11 < 50
      x · 17 < 14
      x · 20 < 300

   b)   5 · x > 10
       17 · x < 40
       15 · x > 40
       16 · x > 30

   c)   12 · x <   50
       300 · x < 1 000
       500 · x > 2 600
       250 · x < 250

   d)   4 · x < _____
        12 · x > _____
       100 · x < _____
        40 · x < _____

③ a) 360 < x · 50 < 500
       400 < 20 · x < 600
        26 < 12 · x < 61

   b) 1 000 > x · 250 > 251
        501 > x · 50 > 400
         36 > 4 · x > 20

   c) 500 < x · 300 < 1 000
       100 < x · 12 < 144
        48 < 7 · x <   50

④ < oder > ? Setze das passende Zeichen ein.

   a)   460 + 63 ⬤ 520
        714 + 80 ⬤ 784
        635 + 175 ⬤ 700
      1 400 + 644 ⬤ 2 030

   b) 3 701 − 660 ⬤ 3 040
       2 652 − 1 650 ⬤ 1 000
       6 415 − 2 200 ⬤ 4 315
       4 182 − 582 ⬤ 3 500

   c) 30 · 71 ⬤ 2 100
       70 · 42 ⬤ 2 800
       40 · 89 ⬤ 3 600
       40 · 61 ⬤ 2 400

⑤ Finde Ungleichungen, die …

   a) … nur eine Lösung haben.

   b) … keine Lösung haben.

   c) … die Zahlen 12, 13, 14, 15, 16 als Lösung haben.

Ich schreibe Ungleichungen mit unendlich vielen Lösungen.

1–3 Lösungen von Ungleichungen bestimmen; erfahren, dass Ungleichungen auch keine oder unendlich viele Lösungen haben können; 5 Ungleichungen mit vorgegebener Lösungsmenge finden

E▶52   AH▶52   A▶52

103

Forschen und entdecken

1 Summen in Zeilen der Hundertertafel

1	2	3	4	5	6	7	8	9	10
11	12	13	14	15	16	17	18	19	20
21	22	23	24	25	26	27	28	29	30
31	32	33	34	35	36	37	38	39	40
41	42	43	44	45	46	47	48	49	50
51	52	53	54	55	56	57	58	59	60
61	62	63	64	65	66	67	68	69	70
71	72	73	74	75	76	77	78	79	80
81	82	83	84	85	86	87	88	89	90
91	92	93	94	95	96	97	98	99	100

a) Wie groß ist die Summe aller Zahlen in der 1. Zeile?

$1 + 10$
$2 + 9$
$3 + 8$
…

$1 + 9$
$2 + 8$
$3 + 7$
…

M Fasse geschickt zusammen!

b) Berechne die Summe in der 2. Zeile. Vergleiche mit der Summe der 1. Zeile.

c) Vergleiche die Zahlen in der 1. Zeile mit den Zahlen in der 2. Zeile.
Was verändert sich? Was bleibt gleich?
Kannst du die Summe in der 2. Zeile aus der Summe in der 1. Zeile berechnen?

d) Um wie viel verändern sich die Summen von Zeile zu Zeile?

e) Wie groß ist die Summe aller Zahlen in der letzten Zeile?

2  Die Summe aller Zahlen bis 100

Der bedeutende Mathematiker Carl Friedrich Gauß (1777–1855) sollte als Schüler im 3. Schuljahr die Summe aller Zahlen von 1 bis 100 bilden. Der Lehrer nahm an, dass er ihn damit eine ganze Weile beschäftigen könnte. Schon nach kurzer Zeit fand C. F. Gauß zum Erstaunen seines Lehrers die Summe.

Wie löst du diese Aufgabe?
Notiere deine Überlegungen und deinen Lösungsweg.

3 Gerade Zahlen und ungerade Zahlen in der Hundertertafel

a) Berechne die Summe aller ungeraden Zahlen in der ersten Hundertertafel. Es gibt mehrere geschickte Rechenwege.

b) Berechne die Summe aller geraden Zahlen.

c) Vergleiche Ergebnis **b)** mit dem Ergebnis von **a)**. Findest du eine Erklärung?

Bilde Summen in der 2. Hundertertafel. Was entdeckst du?

1	2	3	4	5	6	7	8	9	10
11	12	13	14	15	16	17	18	19	20
21	22	23	24	25	26	27	28	29	30
31	32	33	34	35	36	37	38	39	40
41	42	43	44	45	46	47	48	49	50
51	52	53	54	55	56	57	58	59	60
61	62	63	64	65	66	67	68	69	70
71	72	73	74	75	76	77	78	79	80
81	82	83	84	85	86	87	88	89	90
91	92	93	94	95	96	97	98	99	100

101	102	103	104	105	106	107	108	109	110
111	112	113	114	115	116	117	118	119	120

1 Durch geschicktes Zusammenfassen die Zahlen schnell addieren; Zahlen vergleichen, auf Summen der Zahlen schließen; **2** Erfahrungen aus **1** – geschicktes Zusammenfassen – nutzen, eigenen Lösungsweg beschreiben; **3** Erkenntnisse aus **1** und **2** nutzen E▶53 AH▶53 A▶53

4 Mit 11 multiplizieren – Ganz einfach!

a) Rechne und beschreibe, was dir auffällt.

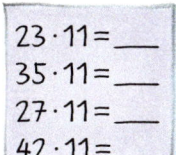

23 · 11 = ___
35 · 11 = ___
27 · 11 = ___
42 · 11 = ___

17 · 11 = ___
24 · 11 = ___
72 · 11 = ___
52 · 11 = ___

 Vergleiche immer die Zahl, die du mit 11 multiplizierst mit der Ziffernfolge im Ergebnis!

Wenn du die Aufgaben schriftlich rechnest, findest du eine Erklärung.

b) Kannst du auch hier einfach rechnen? Probiere und erkläre.

48 · 11   79 · 11   85 · 11   99 · 11

5 Immer die Ziffer 1 – Aufgabenreihen

a) Rechne und beschreibe, was dir auffällt. Kannst du die nächste Aufgabe und ihr Ergebnis sofort hinschreiben?

26 · 1 = ___
26 · 11 = ___
26 · 111 = ___
26 · 1111 = ___
__ · ___ = ___

54 · 1 = ___
54 · 11 = ___
54 · 111 = ___
54 · 1111 = ___
__ · ___ = ___

b) Erprobe eigene Zahlen. Bei welchen Zahlen entsteht dieses Muster? Bei welchen nicht?

c) Nicht immer ergibt sich das Muster. Versuche eine Begründung zu finden.

6 Zahlenzauber in einem Dreieck

Im „Pascalschen Dreieck", benannt nach dem französischen Mathematiker Blaise Pascal (1623–1662), steht an der Spitze und an den Rändern jeder Zeile eine 1.
Es werden immer zwei benachbarte Zahlen addiert und im Feld darunter wird die Summe notiert.

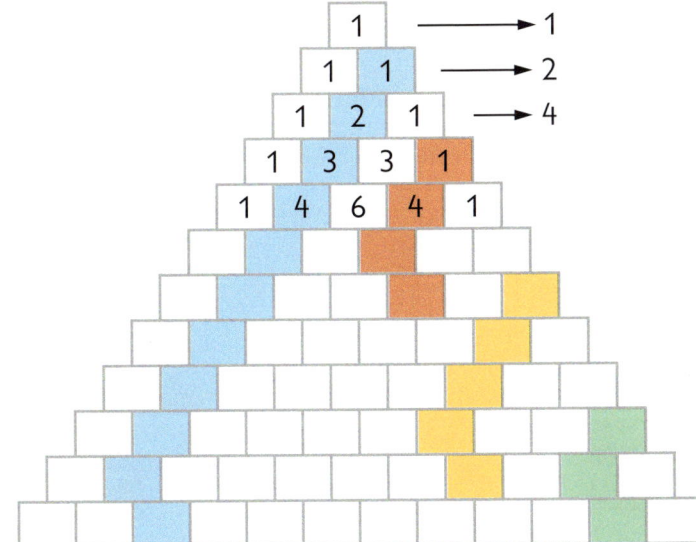

a) Fülle das Dreieck weiter aus. Was fällt dir auf?

b) Schau dir die Zahlen in den farbigen Feldern an. Was entdeckst du? Finde weitere Beispiele.

c) Addiere die Zahlen in den Zeilen und notiere die Ergebniszahlen (→). Gib die Regel dieser besonderen Zahlenfolge an.

d) Probiere, folgende Zahlen nur durch Addition der Ergebniszahlen von **c)** zu erreichen: 23, 44, 63, 65, 71 Du darfst jede Ergebniszahl nur einmal benutzen.

S. 1 0 5 ,	Nr.	6				
d)	2 3 =	1 6 +	4 +	2 +	1	

Probiere auch andere Zahlen zu erreichen. Was entdeckst du?

4, 5 Durch schriftliches Rechnen lassen sich die Erklärungen finden; **6** Entdeckungen im Pascalschen Dreieck; Kopiervorlage zum Ausfüllen des Dreiecks nutzen

E ▶ 53 **AH ▶ 53** **A ▶ 53**

105

Was wir wissen und können

①

1. Containerschiff   2. Tankschiff   3. Kreuzfahrtschiff   4. Schüttgutfrachter

Diese vier Schiffe verlassen am gleichen Tag den Hafen. Das Containerschiff kehrt alle 8 Wochen in den Hafen zurück, das Tankschiff alle 4 Wochen, das Kreuzfahrtschiff alle 6 Wochen und der Schüttgutfrachter alle 3 Wochen.

a) Nach wie vielen Wochen treffen alle vier Schiffe wieder im Hafen zusammen?

Das weiß ich schon: …

Bei zwei Schiffen ist es einfach.

Das 1. und 2. Schiff treffen alle __ Wochen im Hafen zusammen.
Das 3. und 4. Schiff treffen alle __ Wochen wieder im Hafen zusammen.

Eine Tabelle hilft mir. Ich schreibe für jedes Schiff auf, wann es wieder im Hafen zurück ist.

Ich kreuze die Zeiten für jedes Schiff an.

	Nach __ Wochen zurück
Containerschiff	8, 16, …
Tankschiff	
Kreuzfahrtschiff	
Schüttgutfrachter	

Woche	1	2	3	4	5	6	7	8	9	10	…
Containerschiff								x			…
Tankschiff				x				x			…
Kreuzfahrtschiff						x					…
Schüttgutfrachter			x			x			x		…

Führe beide Lösungsideen in deinem Heft zu Ende. Vergleiche.

b) Wann treffen zum ersten Mal drei der vier Schiffe wieder im Hafen zusammen?

c) In welcher Darstellung kannst du die Lösungen besser ablesen? Begründe.

d) Erkläre.

Man sucht in der 8er-Reihe die erste Zahl, die auch durch __, __ und __ teilbar ist.

Boris und Eva haben die Einmaleinsreihen genutzt!

1 Schwierige Aufgaben mit Hilfe von Tabellen in den Griff bekommen;
Tabellen helfen, Informationen übersichtlich darzustellen und daraus Schlussfolgerungen zu ziehen

E▶54   AH▶54   A▶54

② Familie Schnell macht in den Ferien eine 5-tägige Fahrradtour. Dabei steigern die Familienmitglieder die Strecke von einem Tag zum nächsten jeweils um 6 Kilometer. Am Ende haben Sie eine Strecke von 130 km zurückgelegt.
Wie lang waren die einzelnen Etappen?

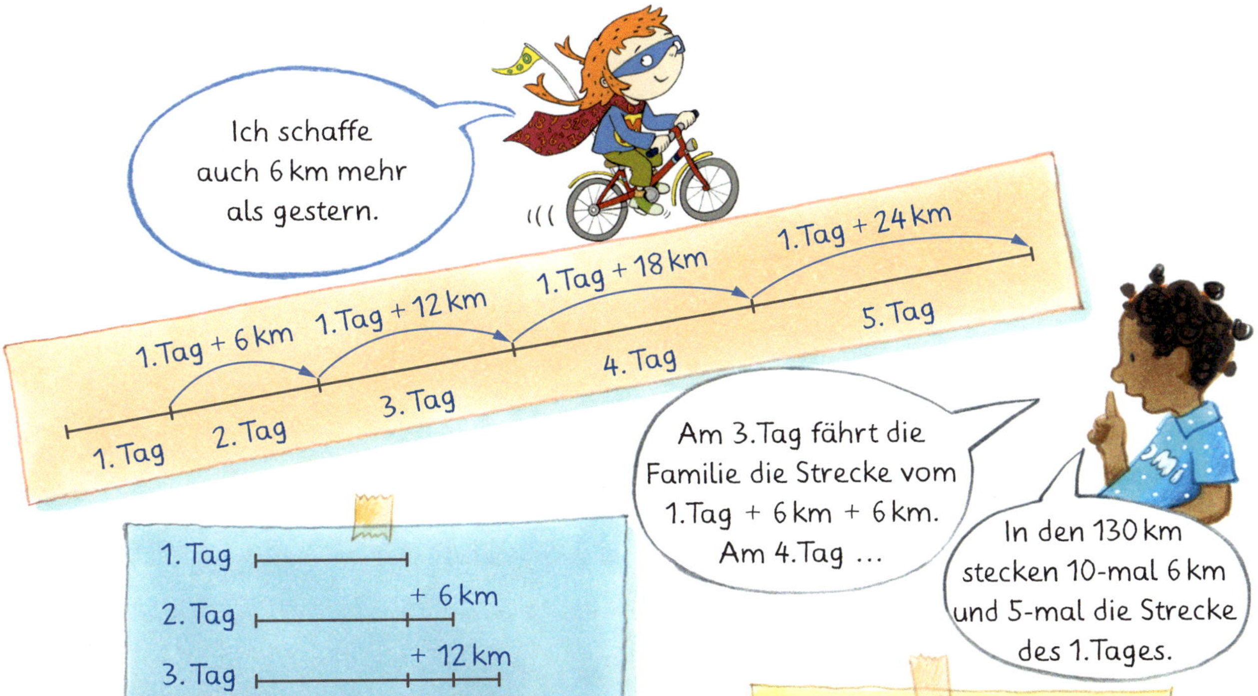

Ich schaffe auch 6 km mehr als gestern.

1. Tag + 6 km   1. Tag + 12 km   1. Tag + 18 km   1. Tag + 24 km

1. Tag   2. Tag   3. Tag   4. Tag   5. Tag

Am 3. Tag fährt die Familie die Strecke vom 1. Tag + 6 km + 6 km. Am 4. Tag …

In den 130 km stecken 10-mal 6 km und 5-mal die Strecke des 1. Tages.

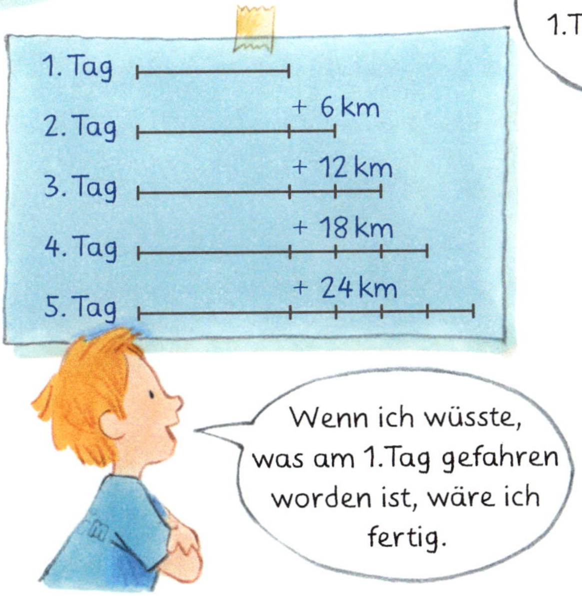

1. Tag
2. Tag   + 6 km
3. Tag   + 12 km
4. Tag   + 18 km
5. Tag   + 24 km

Wenn ich wüsste, was am 1. Tag gefahren worden ist, wäre ich fertig.

Tag	Strecke in km
1	x
2	x + 6
3	x + 6 + 6
4	x + 6 + 6 + 6
5	x + 6 + 6 + 6 + 6
zusammen	130 km

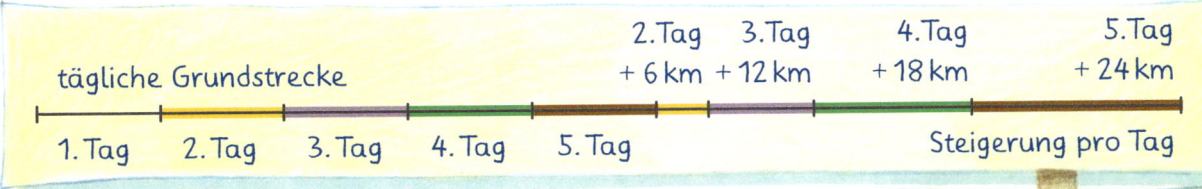

tägliche Grundstrecke

2. Tag   3. Tag   4. Tag   5. Tag
+ 6 km   + 12 km   + 18 km   + 24 km

1. Tag   2. Tag   3. Tag   4. Tag   5. Tag   Steigerung pro Tag

Das weiß ich schon.
Das will ich wissen.
So finde ich das heraus.
Das weiß ich jetzt.

a) Welcher Zettel hilft dir beim Beantworten der Frage?

b) Notiere, wie du die Aufgabe löst!

Das kann ich schon!

① Zeitpunkte – Zeitspannen

Bahnhof/Haltestelle	Datum	Zeit	Gleis	Produkte
Rostock Hbf	Do, 17.09.09	ab 08.33	7	🚆 RE 33105
Berlin Gesundbrunnen	Do, 17.09.09	an 11.10	6	
Berlin Gesundbrunnen	Do, 17.09.09	ab 11.40	7	🚆 ICE 1711
Leipzig Hbf	Do, 17.09.09	an 13.05	11	
Leipzig Hbf	Do, 17.09.09	ab 13.30	23	🚆 RE 3737
Chemnitz Hbf	Do, 17.09.09	an 14.24	1	

Herr Schulze hat diese Zugverbindung von Rostock nach Chemnitz benutzt.

a) Wie lange dauerte seine Reise?

b) Wie lang war die reine Fahrtzeit?

c) Wie lange musste er insgesamt beim Umsteigen warten?

d) In welchem Zug hat Herr Schulze die längste Zeit verbracht?

② Sachaufgaben: Skizzen und Tabellen

Am Sponsorenlauf der Waldschule nehmen alle 280 Kinder teil. Der Förderverein hilft bei der Organisation und sorgt auch für die Getränke der Läuferinnen und Läufer. Für jedes Kind soll zweimal ein Becher mit $\frac{1}{4}$ l Wasser zur Verfügung stehen. Vorher werden Flaschen mit einem Inhalt von 0,7 l Wasser eingekauft. Wie viele Flaschen werden benötigt?

a) Welche Skizzen und Tabellen helfen beim Beantworten der Frage?

b) Führe eine oder mehrere der Lösungsideen zu Ende und beantworte die Frage.

A 1 Kind  $\frac{1}{2}$ l

B Rest 0,2 l

C

Flasche	1	10	20	...
Inhalt	0,7 l			

D

Becher	1	4	40	...
Inhalt	$\frac{1}{4}$ l			

③ Symmetrie

a) Übertrage die Figuren in dein Heft. Spiegle zuerst an der roten, dann alles an der blauen Achse.

b) Zeichne in dein Heft und ergänze die Symmetrieachsen.

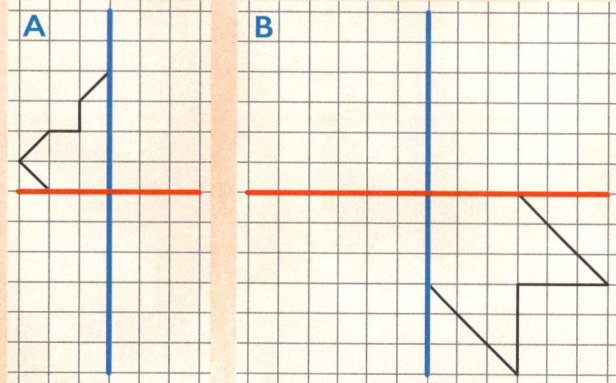

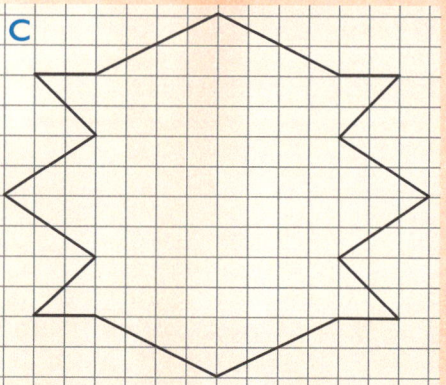

c) Sind die Figuren A, B und C drehsymmetrisch? Wo liegt der Drehpunkt?

④ Kreis – Zirkel

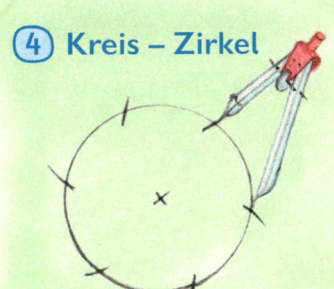

a) 1. Zeichne mit dem Zirkel einen Kreis.

2. Trage den Radius sechsmal auf der Kreisline ab.

3. Nimm diese Punkte als Mittelpunkte und zeichne weitere Kreise mit demselben Radius.

b) Erfinde eigene Muster mit Zirkel und Lineal.

⑤ Vielfache – Teiler

a) Bestimme alle Vielfachen von 4 zwischen 40 und 90.

b) Notiere aus dem Zahlenraum von 1 bis 100 alle Zahlen, die gleichzeitig Vielfache von 6 und 9 sind.

c) Welche Zahlen, die kleiner als 100 sind, sind gemeinsame Vielfache von 3, 4 und 6?

d) Bestimme die Teiler der folgenden Zahlen.　| 18 | 40 | 48 | 29 | 100 |

⑥ Teilbarkeit

a) Welche Zahlen sind durch 2, 3, 5 oder 10 teilbar?

teilbar durch	2	3	5	10
17 514	×			

17 514	324 350	174 408
8 945		6 743
	66 666	
27 900	809 705	176 941

b) Finde eine eigene Zahl, die durch 2, 3, 5 und 10 teilbar ist.

⑦ Gleichungen

Bestimme den Wert von x.

a) $5\,910 + x = 10\,000$
$x + 25\,830 = 30\,000$

b) $x - 4\,710 = 3\,500$
$56\,000 - x = 54\,800$

c) $25 \cdot x = 1\,000$
$x \cdot 300 = 27\,000$

d) $x : 80 = 60$
$56\,000 : x = 80$

⑧ Ungleichungen

Gib alle Lösungen für x an.

a) $46 + x < 100$
$x + 75 > 100$

b) $1\,000 - x < 2$
$100 - x > 100$

c) $500 \cdot x < 3\,000$
$20 \cdot x > 1\,000$

d) $x : 2 > 8$
$x : 5 < 5$

Sachrechnen – Die Meyer Werft

Eine Werft ist ein Betrieb zum Bau von Schiffen. Die Meyer Werft in Papenburg ist seit 1795 in Familienbesitz. Sie gehört international zu den modernsten Werften. Gebaut werden Spezialschiffe wie Kreuzfahrtschiffe, Fähren, Containerschiffe.

① **a)** Das *M* des Schriftzuges *JOS.L. MEYER PAPENBURG* ist 7 m hoch und 10,5 m breit. Schätze die Länge des gesamten Schriftzuges und die Größe der Halle 5.

b) Das mit ca. 45 000 t Gewicht größte und mit 616 Millionen Euro teuerste Kreuzfahrtschiff, das je in Deutschland gebaut wurde, ist die *Celebrity Solstice* („Sommersonnenwende"). Sie hat am 28. September 2008 die Meyer Werft verlassen. Gebaut wurde sie in Halle 6 im Baudock II. Die Halle ist 384 m lang, 125 m breit und 75 m hoch. Sie wird gerade um 120 m verlängert. Notiere die neuen Maße der Halle 6.

c) Ein Fußballfeld ist 68 m breit und 100,5 m lang. Vergleiche mit den neuen Maßen der Halle.

②

Hier liegt die *Solstice* im Baudock. Man kann ein Baudock mit einer Badewanne vergleichen. Es ist zu Beginn des Schiffsbaus leer und wird später, wenn das Schiff fertig ist, mit Wasser gefüllt. Das Füllen dauert 2,5 Stunden, das Leeren 4 Stunden.

a) Die Bauzeit der *Solstice* betrug ca. 22 Monate. Wann startete der Bau?

b)

Celebrity Solstice – Technische Daten	
Länge	317 m
Breite	37 m
Höhe	65 m
Tiefgang	8 m
Geschwindigkeit	24 Knoten (ca. 45 km / h)
Passagierkapazität	2852
Außen-/Innenkabinen	1286/140
Besatzung	ca. 1270 Personen
Decks	17

Vergleiche die Schiffsmaße mit den Maßen eines Fußballfeldes. Was kannst du noch berechnen?

c) Wenn das Baudock mit einem Gartenschlauch gefüllt werden müsste, würde es 11 313 Tage dauern, um mit 162 900 000 l Wasser die 11 m Wassertiefe zu erreichen. Wie viele Jahre wären das?

d) Ist ein Schiff fertig gebaut, muss es durch die Ems bis zur Nordsee gesteuert werden. Die Durchfahrtsbreite der Schleusen beträgt nur etwa 44 m. Wie viel Platz bleibt rechts und links des Schiffes?

1, 2 Den Texten Informationen entnehmen und zur Lösung der Fragestellungen nutzen; **1** Schätzen üben, Vergleiche berechnen: Wievielmal länger/breiter als ein Fußballfeld ist die Halle? **2** Maße des Schiffes anhand des Vergleichsmaßes „Fußballfeld" erfassen, Vergleiche berechnen E▶56 AH▶55 A▶56

③

Weitere Daten der Solstice	
verlegter Teppichboden	ca. 40 000 m²
Rohrleitungen	212 km
Kabel und Leitungen	2 658 km
Lampen	ca. 45 000
aufgebrachte Farbe	320 t
verbaute Bleche (je 10 m × 3 m)	94 000
verbaute Einzelteile (Rohre …)	ca. 15 000 000
Menschen, die am Schiff mitarbeiteten	ca. 13 000 (davon 2 500 Werftarbeiter)
Firmen, die am Schiff arbeiteten	ca. 1 000

Die Farbe wiegt so viel wie __ Autos!

Mit dem Teppichboden könnte man __ Fußballfelder auslegen!

Berechne weitere Vergleiche.

Andere Daten zum Vergleich	
Entfernung Flensburg – München	972 km
Entfernung Berlin – Wolfsburg	228 km
Gewicht eines Autos	ca. 1 t
10-l-Eimer Wandfarbe	ca. 16 kg
Fußballfeld	68 m × 100,5 m
Theater „König der Löwen"	850 Lampen

④ Im Schiff gibt es eine Kläranlage, eine Müllverbrennungsanlage, eine Müllpresse- und Schreddereinrichtung sowie die Möglichkeit, aus Salzwasser Frischwasser zu erzeugen. An Bord können an einem Tag bis zu 2 180 000 l Trinkwasser erzeugt werden. Der durchschnittliche Wasserverbrauch pro Person beträgt etwa 250 Liter am Tag. Berechne den Verbrauch für die *Celebrity Solstice* pro Tag / pro Woche.

⑤ Der Dieselmotor benötigt ungefähr 7,5 t Treibstoff pro Stunde. An einem Kreuzfahrt-Tag fährt das Schiff 6 Stunden, an einem anderen Tag sind es 13 Stunden. Berechne jeweils den Verbrauch.

⑥ Fotos aus dem Inneren der *Celebrity Solstice*

Theater mit 1095 Sitzplätzen

Hauptspeisesaal

Passagierkabine

Die *Celebrity Solstice* wird im Winter in der Karibik und im Sommer im Mittelmeer eingesetzt. Was interessiert dich noch? Unter www.meyerwerft.de findest du viele weitere Informationen.

Projekt: Die Geschichte der Mathematik

① Die römischen Zahlen wurden lange Zeit in Europa benutzt. Die Zahlen bestanden noch nicht aus Ziffern, sondern aus Buchstaben.

Wo hast du schon einmal römische Zahlen gesehen?

② Regeln für das Lesen und Schreiben römischer Zahlen

I = 1	V = 5	
X = 10	L = 50	
C = 100	D = 500	
M = 1000		

Ein Zahlzeichen, das rechts neben einem größeren oder gleichen Zeichen steht, wird addiert.

XXX = 10 + 10 + 10 = 30
DL = 500 + 50 = 550

Stehen I, X oder C links von einem größeren Zahlzeichen, wird subtrahiert.

IX = 10 − 1 = 9   XC = 100 − 10 = 90

Es dürfen höchstens drei gleiche Zeichen hintereinander stehen.

III = 1 + 1 + 1 = 3   IV = 5 − 1 = 4

Ausnahme:
V, L und D dürfen nur einmal vorkommen.

a) Schreibe die Zahlen von 1 bis 20 mit römischen Zahlzeichen.

b) Wie heißen diese Zahlen?

XXII	VII	XVII	XXIV	XIX	LXIV	MDIX	MLVI	MMDI
7	17	19	22	24	64	1056	1560	2501

c) Schreibe mit römischen Zahlzeichen.
25, 34, 135, 515, 1111, 1416, 3065, 2507, 1699

Die Ziffern, die wir heute benutzen, heißen arabische Ziffern.

③ Übersetze die Zahlen in Aufgabe ① in unsere Zahlen.

④ Schreibe einen Steckbrief von dir. Benutze römische Zahlen. Vergiss nicht dein Alter, dein Geburtsdatum, deine Adresse mit Postleitzahl, deine Telefonnummer ...

⑤ Das Volk der Inka in Südamerika hat Zahlen mit
Hilfe von Knotenschnüren dargestellt.

a) Schau dir die Schnüre genau an. Erkläre, wie mit
   den Knotenschnüren Zahlen dargestellt wurden.

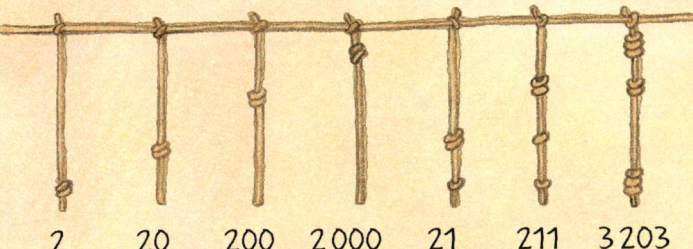

| 2 | 20 | 200 | 2000 | 21 | 211 | 3203 |

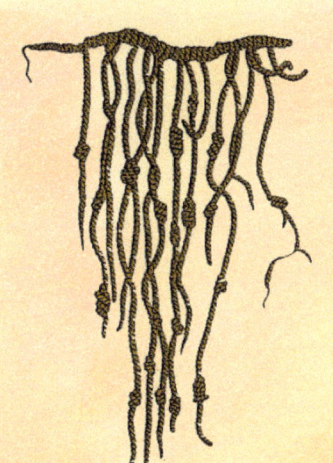

b) Welche Zahlen sind es?

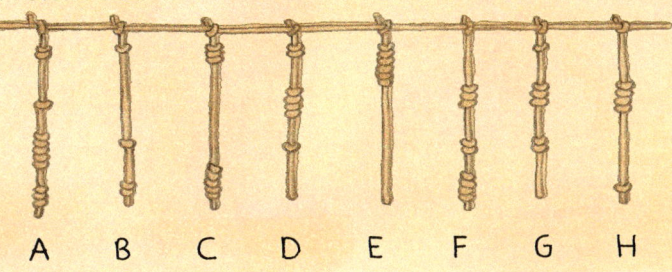

A   B   C   D   E   F   G   H

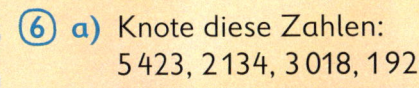

⑥ a) Knote diese Zahlen:
   5423, 2134, 3018, 1926

   b) 4 Knoten. Welche Zahl
   bis 10000 kann es sein?

⑦ Rechenmeister Adam Ries (1492–1559) verbreitete in seinem zweiten Buch „Rechenung auff
der Linihen und federn …" das Rechnen auf den Linien (Abakus) und das Ziffernrechnen.
Das Buch erschien erstmals 1522 und erreichte bis 1656 mindestens 108 Auflagen.

a)
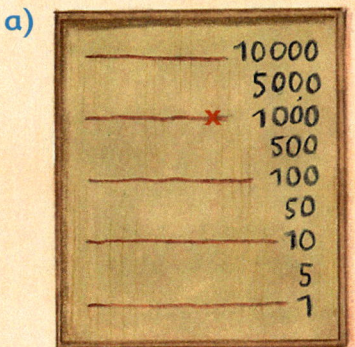

Zeichne den Abakus ab. Lege die Zahl 5647 mit Plättchen.
Auf jeder Linie dürfen maximal 4 Steine,
dazwischen maximal ein Stein liegen,
sonst musst du wechseln. Addiere nun 604.
Lege zuerst und wechsle dann.

b)

```
  6789        6789        6789           7956            7956
     6           7           8             72              84
 ────────    ────────    ────────      ────────        ────────
 40734       47523       54312         15912           31824
                                       55692           63648
                                      ────────        ────────
                                       572832          668304
```

Diese Rechnungen „auf der Feder" findest du in seinem Rechenbuch.
Rechenzeichen wie heute gab es noch nicht. Wie hat er gerechnet?

113

Vergrößern

①

Welche Abbildungen zeigen Vergrößerungen der Gegenstände?
Welche zeigen die Dinge verkleinert? Auf welchen Abbildungen
sind die Gegenstände in ihrer wirklichen Größe zu sehen?

Hier ist die Fliege im Maßstab 4 zu 1 vergrößert. 4-mal so groß wie in Wirklichkeit.

So groß ist die Fliege in Wirklichkeit.

In der Abbildung ist der Körper 4 cm lang. Also ist er in Wirklichkeit 1 cm lang.
4 cm : 4 = 1 cm

1 cm

Maßstab 1 : 1

Maßstab 4 : 1

Maßstab 4 : 1
Bild : Wirklichkeit

② Miss die Längen
der abgebildeten Tiere.
Berechne, wie groß sie
in Wirklichkeit sind.

3 cm im Bild stehen für 1 cm in der Wirklichkeit.

S. 1 1 4 , Nr. 2		Biene	Laus
Länge Bild		4,5 cm	
Maßstab		3 : 1	
Länge Wirklichkeit		1,5 cm	

Maßstab 3 : 1   Maßstab 6 : 1   Maßstab 2 : 1   Maßstab 1 : 1

③ Bestimme den Maßstab.

a) In einem Sachunterrichtsbuch
ist ein 7,5 cm langer Käfer
abgebildet. In Wirklichkeit ist
er 2,5 cm lang.

b) Sina untersucht einen 6 mm
großen Käfer mit der Lupe.
Durch die Lupe erscheint er
3 cm groß.

Der Maßstab gibt an, wie viele Male etwas
vergrößert oder verkleinert wurde.

10 : 1

Bild : Wirklichkeit

10 cm im Bild entsprechen 1 cm in Wirklichkeit.

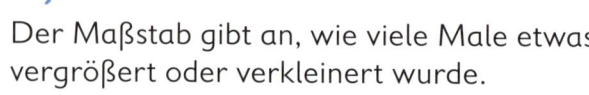

114

①

Ich will unbedingt auf den Kölner Dom steigen. Auf dem Bild ist er 6 cm hoch.

Ich rechne
6 cm · 2 600 = 15 600 cm.
Der Dom ist 156 m hoch.

Maßstab 1 : 2 600

Wenn die 1. Zahl (Bildgröße) kleiner ist als die 2. Zahl (Größe in Wirklichkeit), wurde der Gegenstand verkleinert.

1 cm im Bild, 2 600 cm in Wirklichkeit

Wie groß sind die abgebildeten Tiere in Wirklichkeit? Notiere in einer Tabelle.

1 : 100

1 : 75

1 : 60

1 : 40

② In Katalogen oder Büchern werden oft die Maßstäbe 1 : 1, 1 : 2, 1 : 10 oder 1 : 100 verwendet. Überlege mit einem Partner, in welchem Maßstab diese Gegenstände abgebildet sind und wie groß sie in Wirklichkeit sind.

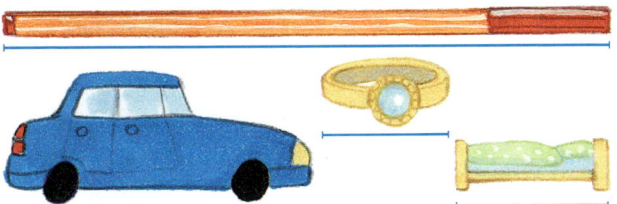

S. 1 1 5 , Nr. 2		
		Stift
Bild		8 cm
Wirklichkeit	1 6 cm	
Maßstab		1 : 2

③ Schneide Bilder von Gegenständen aus, die …

a) … etwa im Maßstab 1 : 2 abgebildet sind.

b) … etwa im Maßstab 1 : 10 abgebildet sind.

c) Wähle einen eigenen Maßstab und sammle Abbildungen dazu.

1 : 10

Bild : Wirklichkeit

Maßstab 1 : 10 bedeutet:
In Wirklichkeit ist alles 10-mal so groß.

1 cm im Bild entspricht 10 cm in Wirklichkeit.

1 m im Bild entspricht 10 m in Wirklichkeit.

Innenstadt Dresden

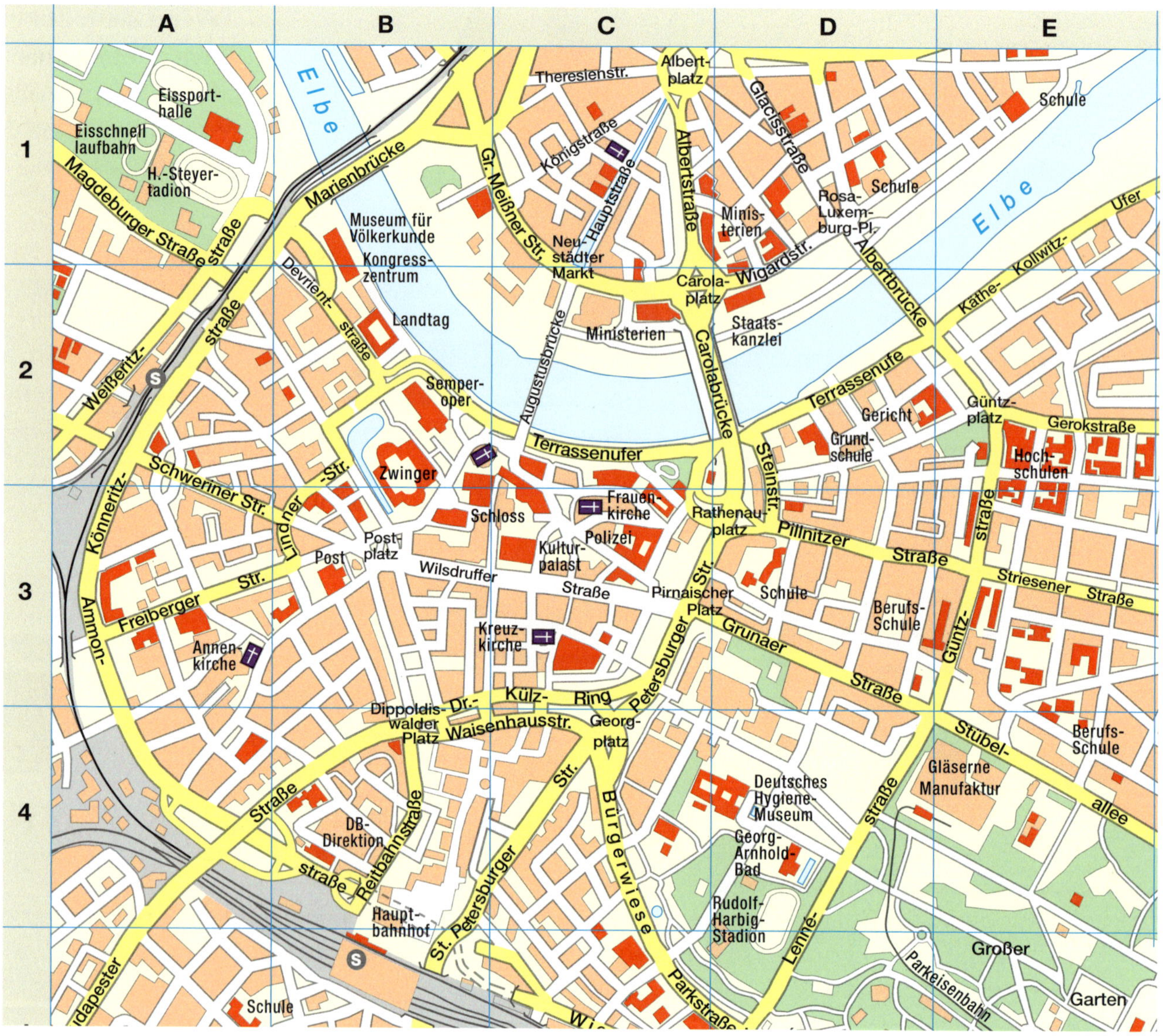

Maßstab 1 : 20 000   0 m   200 m   400 m   600 m   800 m   1 km

① Familie Mayer macht einen Ausflug nach Dresden. Die Familie fährt mit der S-Bahn
bis zum Bahnhof Dresden-Mitte.

> Mich interessiert die Frauenkirche.

> Ich möchte an der Elbe entlangspazieren. Von der Semperoper bis zur Carolabrücke.

> Ich würde gerne in den Zwinger gehen.

> Ich möchte das Grüne Gewölbe sehen.

a) Suche die 5 genannten Orte im Stadtplan.
Notiere das Planquadrat, in dem sie liegen.

b) Wie weit sind die Ziele etwa vom Bahnhof entfernt?
Miss die Weglängen entlang der Straßen und berechne
die wirklichen Entfernungen.

c) Wie lang ist jeweils die Luftlinie zwischen
dem Bahnhof und den 5 Zielen?

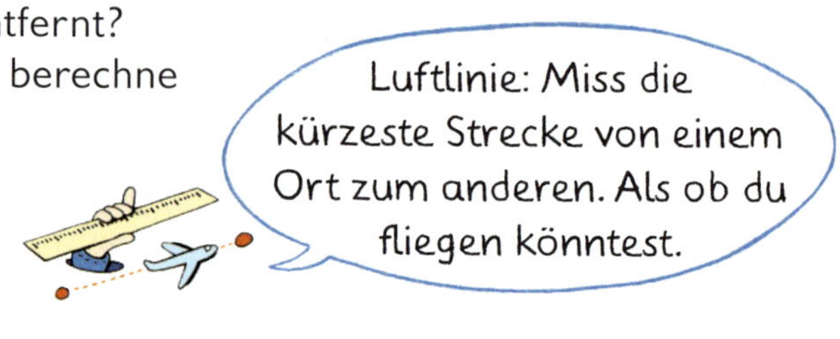

> Luftlinie: Miss die kürzeste Strecke von einem Ort zum anderen. Als ob du fliegen könntest.

116

2 Die Familie möchte einen Rundgang machen, bei dem sie an den Wunschzielen von Vater, Nicole und Leon vorbeikommt. Der Rundgang startet und endet an der Frauenkirche.

a) Wie können sie gehen? Notiere die einzelnen Etappen. Berechne die ungefähren Wegstrecken zwischen den einzelnen Zielen und die Länge des gesamten Rundgangs.

b) Wie lange benötigt Familie Mayer für die Wegstrecken zwischen den einzelnen Zielen?

Zu Fuß kannst du etwa 4 km in einer Stunde zurücklegen.

3 Die Mutter möchte bei ihrem Spaziergang nicht zweimal die gleiche Strecke gehen, sondern beide Elbufer kennen lernen.

a) Welche Entfernung muss man etwa bei der Überquerung der Elbe auf der Marienbrücke zurücklegen?

b) Wie weit liegen die vier Brücken jeweils voneinander entfernt?

c) Überlege dir einen möglichen Spaziergang von der Semperoper zur Carolabrücke und zurück. Berechne die ungefähre Entfernung und die Dauer.

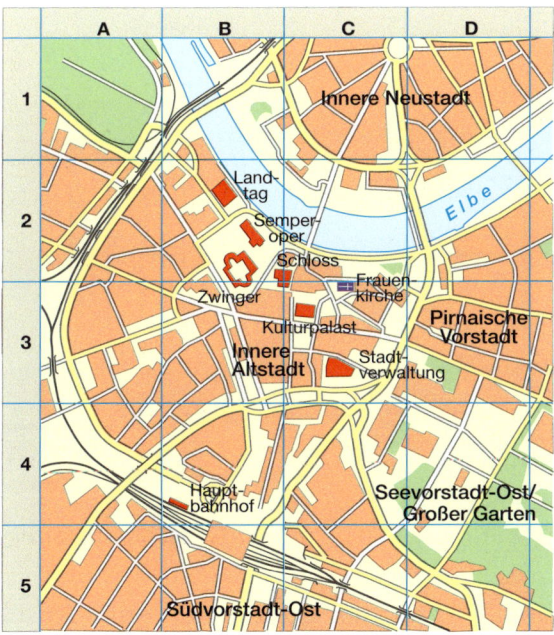

4 **a)** Hier siehst du eine weitere Karte der Dresdner Innenstadt. In welchem Maßstab ist sie ungefähr gezeichnet? Begründe.

b) Welche der beiden Karten von Dresden ist genauer?

5 Suche selbst Karten und Stadtpläne heraus. Sieh dir die Maßstäbe an und notiere, wie vielen Metern in Wirklichkeit 1 Zentimeter auf der Karte entspricht.

S. 1 1 7 , Nr. 5		
Karte		1 cm
Maßstab	1 :	4 0 0 0 0
Wirklichkeit		4 0 0 m

6 Überlege dir mit einem Partner einen Rundgang durch Dresden. Der Weg soll 4 bis 5 Kilometer lang sein. Der Rundgang soll am gleichen Ort starten und enden. Notiert die einzelnen Etappen. Wie lang ist euer Rundgang? Wie lange dauert er?

2, 3 Mit dem Maßstab arbeiten, Wegstrecken damit ungefähr bestimmen; **4** Durch Vergleich mit dem Plan auf Seite 118 den Maßstab dieses Planes ableiten, Aussagen über die Genauigkeit von Maßstabsangaben treffen

117

E ▶ 59 AH ▶ 58 A ▶ 59

Projekt: Somawürfel – Würfelgebäude

1 Immer zwei Teile sind gleich. Ordne zu.

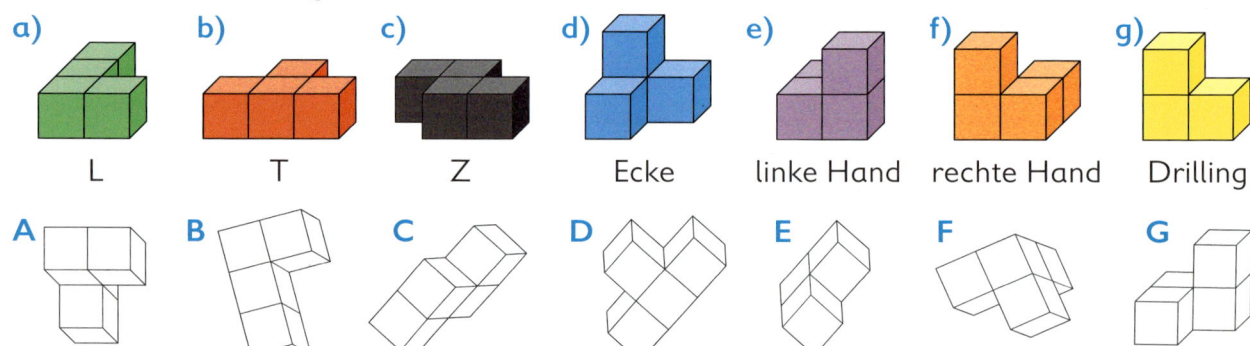

a) L b) T c) Z d) Ecke e) linke Hand f) rechte Hand g) Drilling

A B C D E F G

2 Zeichenkurs Würfel

Benutze Papier mit einem Punkteraster und zeichne einen Würfel im Schrägbild.

 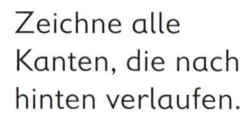 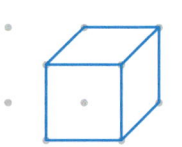

Zeichne zuerst die Fläche, die zu dir zeigt.

Zeichne alle Kanten, die nach hinten verlaufen.

Zeichne die restlichen Kanten.

3 Zeichenkurs Würfelkörper

a)
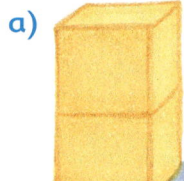  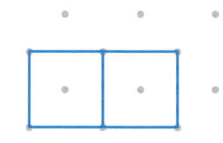

Wenn du mehrere Würfel übereinander zeichnest, ist nur der oberste ganz zu sehen.

b)
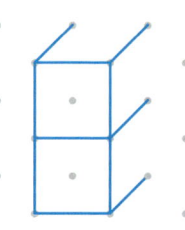 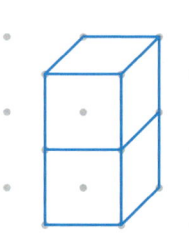 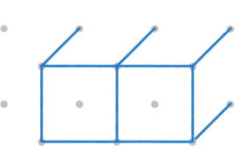 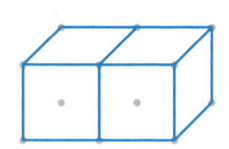

Wenn du mehrere Würfel nebeneinander zeichnest, ist nur der ganz rechts ganz zu sehen.

4 Zeichne diese Würfelkörper im Schrägbild.

a) 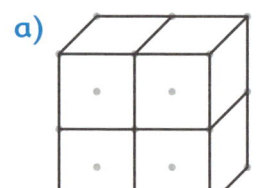 b) 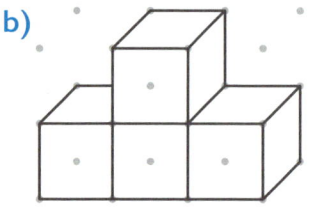 c)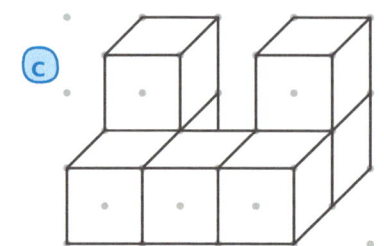

Die vordere Würfelreihe zuerst!

d) Erfinde und zeichne eigene Würfelgebäude.

1 Im Kopf die Somateile drehen und zuordnen;
2–4 Schrägbilder auf Papier mit Punktegitter zeichnen, Papier als Kopiervorlage
E ▶ 60   AH ▶ 59   A ▶ 60

⑤

 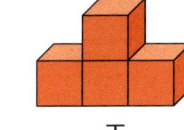   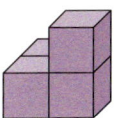  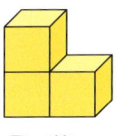

L   T   Z   Ecke   linke Hand   rechte Hand   Drilling

a) Zeichne Schrägbilder von L, T, Z und Drilling.

b) Stelle das L so vor dich hin: Zeichne es von allen vier Seiten.

Immer ein Stück weiter.

c) Zeichne die Teile T und Z von allen vier Seiten.

d) Schaffst du es auch, die linke und die rechte Hand von allen Seiten zu zeichnen?

⑥ Baue folgende Figuren aus Somateilen nach.
Zeichne die Schrägbilder und färbe die einzelnen Teile mit den passenden Farben ein.

a)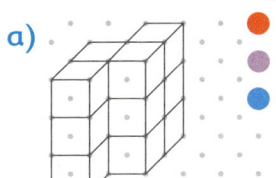

b)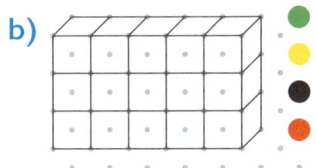

c)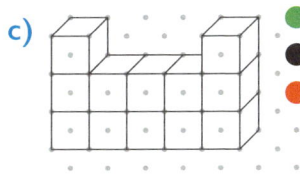

d)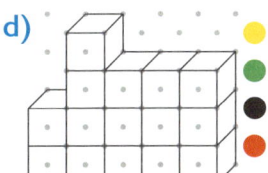

e)

f)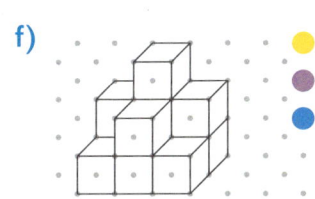

g)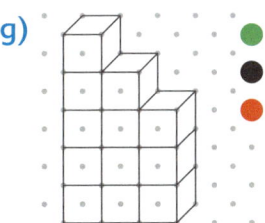

h)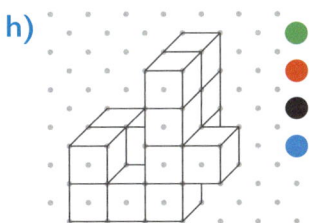

i)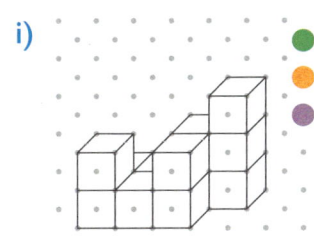

⑦ So kannst du auch auf Karopapier Schrägbilder zeichnen. Probiere in deinem Heft.

a)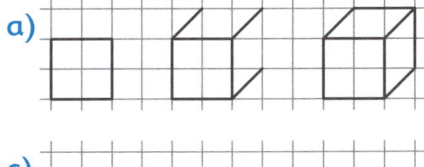

b)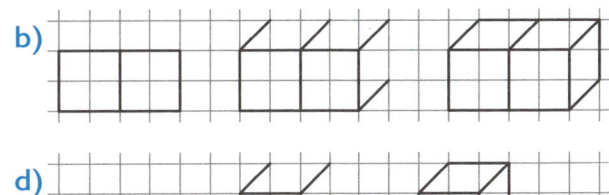

c)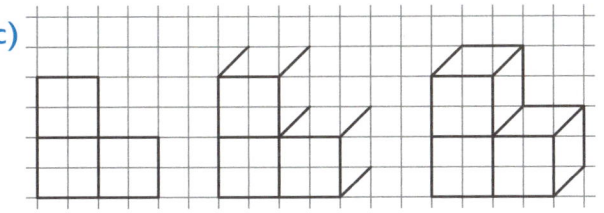

d)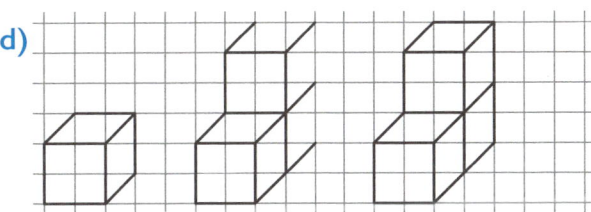

5 Schrägbilder der Somateile zeichnen; linke Hand und rechte Hand stellen besondere Schwierigkeit dar; **6** Aus Somateilen die Bauwerke nachbauen, dazu ein Schrägbild zeichnen und mit Farben die benutzten Somateile markieren;
E▶60 AH▶59 A▶60 Die farbigen Punkte geben an, welche Teile benutzt werden sollen

119

Rauminhalt

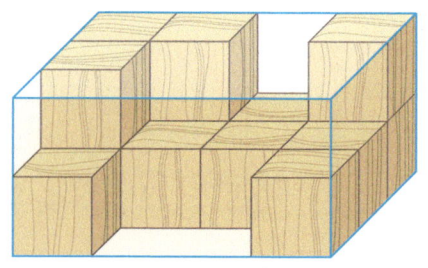
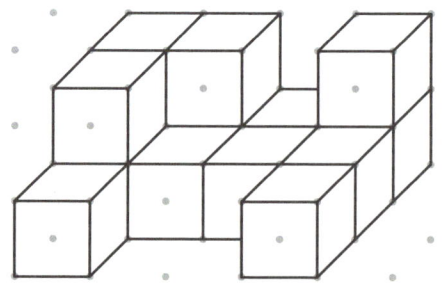

2	2	1	2
2	1	1	1
1	0	0	1

① Würfelgebäude – Schrägbild – Bauplan: Zum Quader ergänzen.

   a) Wie viele Würfel sind es?

   b) Ergänze zum Quader. Wie viele Würfel fehlen?

② Übertrage in dein Heft und ergänze.

> Zuerst sind es ___ Würfel. Um den Quader zu vervollständigen, benötige ich ___ Würfel.
> ___ Würfel füllen den Rauminhalt des Quaders.

Ich weiß:
Im Quader sind
4 · 3 · 2 Würfel.

③ Ergänze zum Quader. Wie viele Würfel fehlen?

   A   B   C   D

④ Ergänze den Quader mit einer Kantenlänge von 4 · 3 · 2 Würfeln.

   A   B   C   D

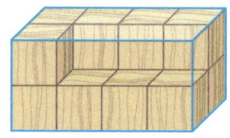
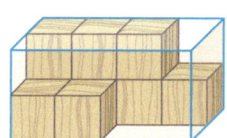
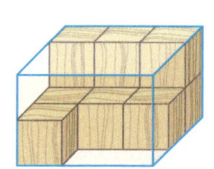
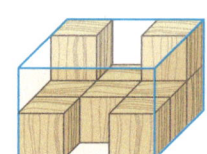

Wie viele Würfel fehlen?

⑤ Ergänze zum Würfel. Wie viele kleine Würfel fehlen?

A

4	4	4	4
4	3	3	3
4	3	2	2
4	3	2	1

B

4	4	4	4
3	3	3	3
2	2	2	2
1	1	1	1

C

4	3	2	1
3	3	2	1
2	2	2	1
1	1	1	1

D

4	3	2	1
3	2	1	0
2	1	0	0
1	0	0	0

1–5 Rauminhalt von Quadern mit Einheitswürfeln bestimmen und fehlende Anzahl ergänzen

E▶61 AH▶60 A▶61

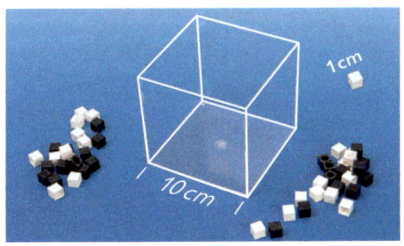

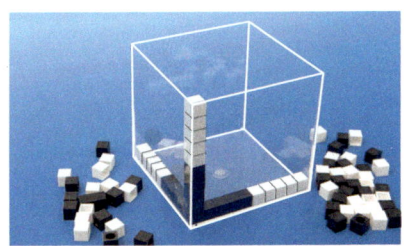

6 **a)** Welche Maße hat der große Würfel? Welche Maße haben die kleinen Würfel?

b) Beschreibe, was du auf den Bildern siehst.

7 Übertrage in dein Heft und ergänze.

Ein Würfel mit der Kantenlänge ___ wird mit kleinen Würfeln mit der Kantenlänge ___ ausgelegt. Um den Boden des großen Würfels vollständig auszulegen, benötigt man ___ Zentimeterwürfel. In den großen Würfel passen insgesamt ___ Zentimeterwürfel.

8 Wie viele Zentimeterwürfel passen in die Quader? Manchmal kannst du geschickt rechnen.

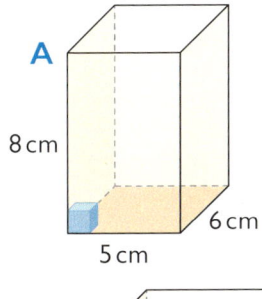
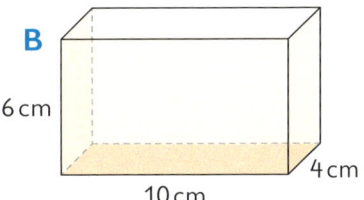
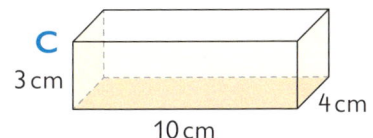
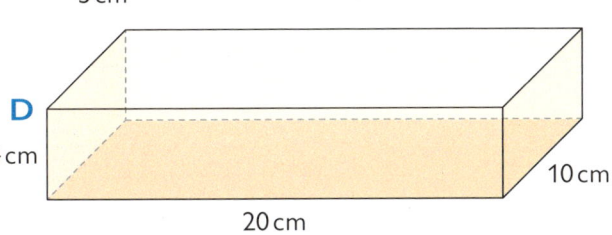
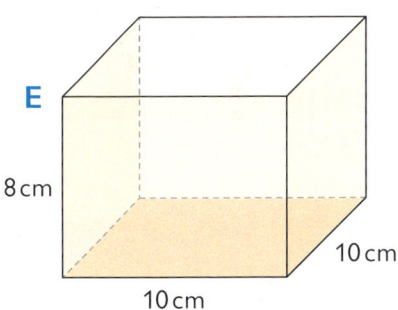

9 **a)** Wie viele Zentimeterwürfel passen in die Quader? Was stellst du fest?

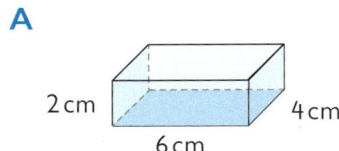
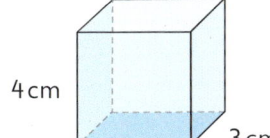
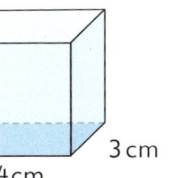
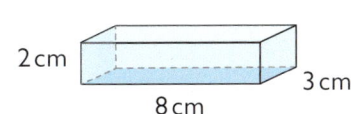

b) Welcher Bauplan passt?

1

4	4	4	4
4	4	4	4
4	4	4	4

2

2	2	2	2	2
2	2	2	2	2
2	2	2	2	2
2	2	2	2	2

3

2	2	2	2	2	2	2
2	2	2	2	2	2	2
2	2	2	2	2	2	2

Kunstprojekt: Victor Vasarely

Victor Vasarely, geboren 9.4.1906 (Ungarn)
gestorben 15.3.1997 (Paris)

Vasarely: KOLB MC

① In vielen seiner Kunstwerke hat Vasarely mit geometrischen Grundformen experimentiert.
Ganz häufig benutzte der Künstler Wabenmuster aus Rauten und stellte so seine „bewegten"
Bilder her.

Durch besondere Anordnung der ebenen Formen und durch die Auswahl der Farben geraten
die Bilder beim Betrachten in Bewegung. Es entstehen immer wieder neue Vorstellungen von
Flächen und Räumen.

Erprobe es selbst. Nimm dir viel Zeit beim Betrachten der Bilder.
Verändere den Abstand zum Bild, drehe das Bild oder schaue aus verschiedenen Richtungen.
Beschreibe, was du siehst.

Vasarely: Axo-G

Axo-G, gedreht

1 Beschreiben der benutzten Formen;
verschiedene Blickpunkte einnehmen und die dreidimensionale Wirkung der Bilder erfahren

E ▶ 62   AH ▶ 61   A ▶ 62

② Wabenmuster aus Rauten

Zeichne diese Figuren in einem Punkteraster. Verbinde die Punkte in den Figuren so, dass Würfelbilder aus Rauten entstehen. Färbe sie ein. Versuche verschiedene Möglichkeiten.

a)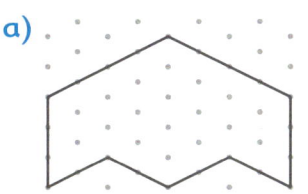

b)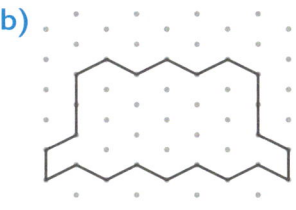

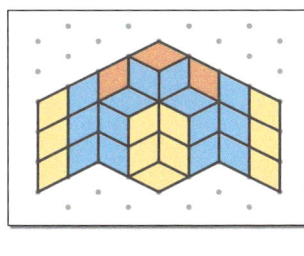

c) Erfinde eigene Figuren und färbe sie ein.

③ Mit dieser Vorlage haben die Kinder der Grundschule Diepholz in der 4. Klasse Vasarely-Bilder in der Art von *Composition 23* hergestellt.

Male ein eigenes Würfelbild aus Rauten nach dem Vorbild von *Composition 23*.

Je nachdem wie du die Farben wählst, entstehen ganz unterschiedliche Wirkungen.

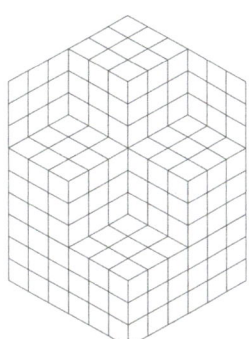

Vorlage nach
V. Vasarely,
Composition 23

Klasse 4, Grundschule Diepholz

2 Mit Hilfe des Punkterasters selbst dreidimensional erscheinende Bilder erzeugen, Papier als Kopiervorlage;
3 Vorlage als Kopiervorlage oder per Computer erstellt; durch unterschiedliches Einfärben entstehen in der Klasse
E▶62 **AH▶61** **A▶62** Kunstwerke mit unterschiedlichster Wirkung

123

Grundwissen Multiplikation und Division

① Ich kann schriftlich multiplizieren.
Vor der Rechnung mache ich einen Überschlag.

Mit dem Überschlag weiß ich, mein Ergebnis …
… ist kleiner als …
… ist größer als …
… liegt in der Nähe von …

Ü:	2	0	€	·	6	=	1	2	0	€
	1	8	,	5	6	€	·	6		
		1	1	1	,	3	6	€		

a) 3 965 · 4   **b)** 689 · 32   **c)** 508 · 413

d) 385,95 € · 8   **e)** 12,75 € · 38   **f)** 205,05 € · 42

… und nach der Rechnung vergleiche ich mit dem Überschlag.

② Ich kann Multiplikationsaufgaben überprüfen und sagen, welche sicher falsch sind.

Überschlag und Endziffern

a) 2 067 · 7 = 14 332
4 312 · 5 = 25 560
7 056 · 8 = 49 448
1 986 · 6 = 11 016

b) 78,99 € · 4 = 325,96 €
0,88 € · 9 =   7,92 €
12,25 € · 5 = 60,25 €
59,75 € · 7 = 418,30 €

③ Ich kann schriftlich dividieren. Vor der Rechnung mache ich einen Überschlag.

a) 51 095 : 5   **b)** 4 908 : 12
26 946 : 9   8 880 : 30

c) 19 575 € : 9   **d)** 140 580 € : 20
45 078 € : 4   995 050 € : 25

Ü:	2	0	0	0	m	:	4	=	5	0	0	m
	2	1	8	4	m	:	4	=	5	4	6	m
	2	0										
		1	8									
		1	6									
			2	4								
			2	4								
				0								

Überschlag, Teilbarkeit von Zahlen

④ Ich kann Divisionsaufgaben überprüfen und sagen, welche sicher falsch sind.

a) 2 952 : 8 = 469   **b)** 20 793 : 3 = 6 930
3 724 : 4 = 931   9 785 : 5 = 1 957 R 3

⑤ Ich verstehe und verwende Fachbegriffe.

Multipliziere 340 mit 20.

Dividiere 10 000 durch 4.

Dividiere das Produkt aus 375 und 2 durch 5.

Multipliziere den Quotienten aus 275 und 25 mit 1 000.

124

① Ich kann mit dem Geodreieck zeichnen:

a) Ein Quadrat mit einer Seitenlänge von 3 cm.

b) Ein Rechteck: Länge 6 cm, Breite 25 mm.

c) Ein Parallelogramm: Zwei gegenüberliegende Seite mit dem Abstand von 35 mm.

d) Ein Trapez: Die zueinander parallelen Seiten sind 4 cm voneinander entfernt.

e) Markiere die rechten Winkel.

Ich kenne die Begriffe Radius, Mittelpunkt, Durchmesser und Kreislinie.

② Ich kann mit dem Zirkel Kreise und Kreismuster zeichnen.

a) Zeichne einen Kreis mit dem Radius 3 cm. Markiere Mittelpunkt (M) Radius (r) Durchmesser (d).

b) Immer der gleiche Radius. Zeichne dieses Muster, setze es fort und färbe es ein.

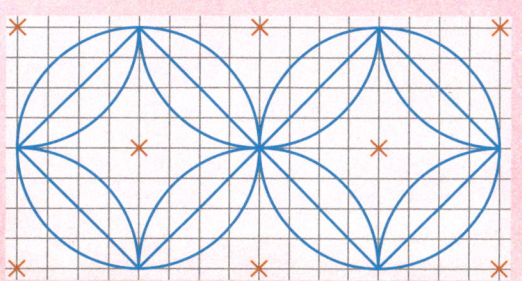

③ Ich kann symmetrische Figuren erkennen und herstellen.

a) Zeichne die symmetrische Figur ab. Zeichne die Symmetrieachsen ein.

b) Ergänze zu symmetrischen Figuren.

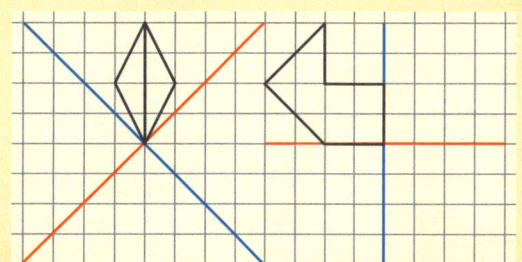

④ Ich kann den Flächeninhalt und den Umfang bestimmen.

a)

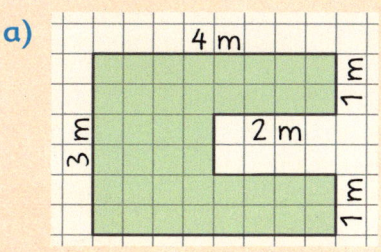

b) Familie Sauer baut im Garten eine Terrasse mit folgenden Maßen: Länge 6 m, Breite 4 m. Sie soll mit quadratischen Platten (Seitenlänge 50 cm) belegt werden. Es werden __ Platten benötigt. Die Terrasse hat einen Umfang von __ Metern.

Eine Skizze hilft mir!

Grundwissen Größen

Eine Tabelle kann helfen.

① Ich kann Längen in verschiedenen Schreibweisen angeben.

a)

m		cm	
1	3	7	5

13 m 75 cm = 13,75 m = 1 375 cm
2 m 8 cm = _____ = _____
_____ = _____ =   80 cm
_____ = _____ = 2 009 cm

c) Bruchzahlen

$\frac{1}{2}$ m = __ cm
$\frac{3}{4}$ m = __ cm
$1\frac{1}{4}$ m = __ cm

b)

km		m	
5	7	6	0

5 km 760 m = 5,760 km = 5 760 m
14 km 300 m = _____ = _____
_____ = 9,805 km = _____
_____ = _____ = 740 m

$\frac{1}{2}$ km = __ m
$\frac{1}{4}$ km = __ m
$5\frac{1}{2}$ km = __ m

② Mit Hilfe des Maßstabs kann ich aus einer Zeichnung die Maße in der Wirklichkeit bestimmen.

a) 1 cm in der Karte entspricht __ m in der Wirklichkeit.

b) Die Entfernung von **A** nach **B** beträgt in Wirklichkeit __.

Maßstab 1 : 10 000

③ a) Ich kann Massen/Gewichte in verschiedenen Schreibweisen angeben.

ungefähr 1 t

t		kg	
1	0	8	5

1 t 85 kg = 1,085 t = 1 085 kg
25 t 650 kg = _____ = _____
_____ = 7,5 t = _____
_____ = _____ = 605 kg

b) Ich kann Massen/Gewichte der Größe nach ordnen.

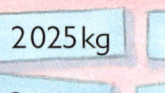 2 025 kg $\frac{3}{4}$ t

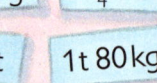 3,550 t 1 t 80 kg

$\frac{1}{4}$ t 0,7 t

 12 t 400 kg $2\frac{1}{2}$ t

Ich wandle zuerst alles in eine Einheit um.

④ Ich kann das Volumen in verschiedenen Schreibweisen angeben.

1,5 l

a)

l		ml	
1	5	0	0

1 l 500 ml = 1,5 l = 1 500 ml
2 l 450 ml = _____ = _____
_____ = 0,75 l = _____
_____ = _____ = 1 250 ml

b) Bruchzahlen

$\frac{1}{2}$ l = __ ml $\frac{3}{4}$ l = __ ml
$\frac{1}{4}$ l = __ ml $2\frac{1}{2}$ l = __ ml

126

① Ich kann mir beim Lösen von Sachaufgaben mit Skizzen und Tabellen helfen.

Am Wandertag zahlen 120 Kinder der Südschule 180 € Eintritt für das Museum.

Wie viel Euro müssen für die 150 Kinder der Nordschule eingeplant werden?

Welche Darstellung hilft dir? Führe sie zu Ende.

A 180 € : 2   180 € : 4

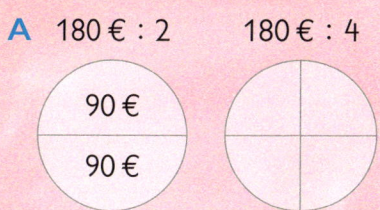

90 €
90 €

B

Kinder	120	60	30	150
Euro	180			

C

120 Kinder ⟶ 180 €
20 Kinder ⟶ ___ €
10 Kinder ⟶ ___ €

---

② Ich kann Daten aus Tabellen und Schaubildern entnehmen und Daten darstellen.

a) Wie hoch ist der Verbrauch einer Familie mit 4 Personen? Notiere in einer Tabelle und zeichne ein Säulendiagramm.

b) Vergleiche mit den Werten von 2008.

Wasserverbrauch einer Person im Durchschnitt (2008)

	1 Person pro Tag
Baden / Duschen	45 l
Toilette	40 l
Waschen / Spülen	30 l
Kochen / Trinken	5 l
Sonstiges	10 l
Gesamt	

4 Personen pro Tag

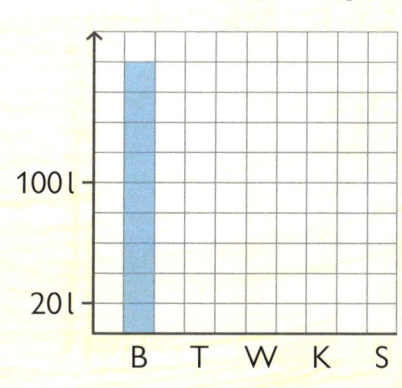

100 l
20 l
B   T   W   K   S

Wasserverbrauch einer Familie mit 4 Personen pro Tag (1990)

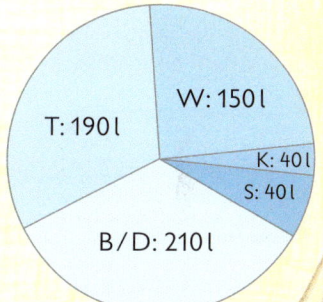

T: 190 l   W: 150 l   K: 40 l   S: 40 l   B/D: 210 l

---

③ Ich kann aus Texten Informationen entnehmen und nutzen.

Lisa fährt jeden Tag mit dem Bus zur Schule. Für die 8,5 km lange Strecke braucht der Bus 15 Minuten.
In einem Jahr geht Lisa ungefähr 40 Wochen zur Schule. Sie fährt schon seit dem 1. Schuljahr mit dem Bus und verlässt bald die 4. Klasse der Grundschule.

Das weiß ich schon:

… km an einem Tag.   … min an einem Tag.

     …Tage in der Woche.

Was willst du wissen?

Was weiß ich schon?
Was will ich wissen?
Wie finde ich es heraus?

Super M
Mathematik für alle
4

Herausgegeben von: Klaus Heinze, Ursula Manten, Gudrun Hütten

Erarbeitet von: Heidi Dietz, Bettina Egbers, Matthia Gratzki, Klaus Heinze

Bearbeitet von: Marion Müller (Magdeburg), Antje Pennewitz (Wallhausen), Kerstin Silz (Eberswalde), Carmen Sobek (Markkleeberg)

Redaktion: Nadine Marx, Jens-Uwe Mertens

Illustrationen: Martina Leykamm, in Schülerbuch 4 weitergeführt von Eve Jacob, Dorothee Mahnkopf (Super M), Christine Wächter (technische Zeichnungen)

Layoutkonzept: hawemannundmosch

Layout und technische Umsetzung: Katrin Tengler, Jana Faust

Umschlaggestaltung: Ines Schiffel

Bildredaktion: Peter Hartmann

Bildnachweis:

S. 2 Cornelsen Verlagsarchiv; S. 12 Cornelsen Verlagsarchiv; S. 16/1 Circus Krone/Pressebild; 2 picture-alliance/dpa/Harry Melchert; 3 picture-alliance/dpa/Steffen Kugler; S. 17/1 picture-alliance/dpa/Volker Dornberger; 2 Circus Krone/Pressebild; S. 18 Karte: Dr. Volkhard Binder, Berlin; S. 19/1 Nadine Marx, Berlin; Karte: Dr. Volkhard Binder, Berlin; S. 29 Wikipedia/Arpingstone; S. 32 Karte: Dr. Volkhard Binder, Berlin; S. 36 Klaus Heinze, Diepholz; S. 39/1, 4 Klaus Heinze, Diepholz; 2 FAN Travelstock; 3 Werner Otto, Oberhausen; S. 49 picture-alliance/dpaweb/Bernd Thissen; S. 50/51 berlinluftbild/Grahn (alle Stadien); www.fußballtempel.de (Stadion Barcelona); Karte: Dr. Volkhard Binder, Berlin; S. 62/1 picture-alliance/dpa/Uwe Gerig; 2 picture-alliance/Barbara Scheer; 3 picture-alliance/dpa/Roland Weihrauch; S. 65/1 MEV-Verlag, Augsburg; 2 Germanfarmhaus.de; 3 www.adler-schinken.de; S. 80 PROFIL Fotografie Marek Lange, Berlin; S. 81 Wikipedia/GNU/Flickr; S. 84 Peter Wirtz, Dormagen; S. 85 1 Steffen Marx, Berlin; 2 Wikipedia; 3 Wikipedia/Flickr/CC/Gruben; S. 89/1–3 Klaus Heinze, Diepholz; S. 93/1, 2 Marion Müller, Magdeburg; S. 97/1, 3–6 Cornelsen Verlagsarchiv außer; 2 picture-alliance/dpa/UPI/Landov; S. 104 Cornelsen Verlagsarchiv; S. 106 1, 3 Klaus Heinze, Diepholz; 2 U. S. Navy; 4 Bildagentur Foto-Dock-Petzold, Hamburg; S. 110/1–3 Meyer-Werft, Papenburg/Pressebild; S. 111/1 Getty Images/Images News; 2–4 Meyer-Werft, Papenburg/Pressebild; S. 112/1 akg-images, Berlin; 2 Matthia Gratzki, Wallenhorst; 3 teamwork/Scholz; S. 113/1 Cornelsen Verlagsarchiv; 2 aus: Adam Ries "Rechenbuch/auff Linien und Ziphren" 1578; S. 114/1 picture-alliance/ZB/Sören Stache; 2 JUNIORS Bildarchiv, Ruhpolding; 3 fotolia/Richard Villalon; 4 OKAPIA KG/Hermann-Sigfrid Goehler, Frankfurt; 5 picture-alliance/Klett/Albert Jung; 6 Flickroom/Andreas; 7 Cornelsen Verlagsarchiv; S. 115/1 fotolia/Zapatero46; 2 fotolia/Peter Wey; 3, 4 fotolia/Eric Isselée; 5 static.twoday.net; S. 116/117 Karten: Dr. Volkhard Binder, Berlin; S. 121/1–3 Peter Wirtz, Dormagen; S. 122 © VG Bild-Kunst, Bonn 2008 für Victor Vasarely; S. 126 Karte: Dr. Volkhard Binder, Berlin

Bestandteile des Lehrwerks Super M für das 4. Schuljahr

Schülerbuch 4 mit Kartonbeilagen	978-3-06-082387-1	Einstiege/Aufstiege 4	
Arbeitsheft 4	978-3-06-082388-8	Arbeitsblätter zur Differenzierung	978-3-06-082389-5
Arbeitsheft 4 mit CD-ROM	978-3-06-082459-5		
Handreichungen für den Unterricht			
mit Lehrermagazin	978-3-06-082460-1		
Kopiervorlagen mit CD-ROM	978-3-06-082461-8		

Im Paket: Handreichungen für den Unterricht mit Lehrermagazin und Kopiervorlagen mit CD-ROM   978-3-06-082462-5

Lehrmittel:

Geobrett	978-3-06-082409-0
Soma-Würfel	978-3-06-082848-7
Geometrische Formen	978-3-06-082413-7

www.cornelsen.de

1. Auflage, 5. Druck 2021

Alle Drucke dieser Auflage sind inhaltlich unverändert
und können im Unterricht nebeneinander verwendet werden.

© 2010 Cornelsen Verlag, Berlin
© 2018 Cornelsen Verlag GmbH, Berlin

Druck: Firmengruppe APPL, aprinta Druck, Wemding

ISBN 978-3-06-082387-1 (Schülerbuch)
ISBN 978-3-06-080498-6 (E-Book)

PEFC zertifiziert
Dieses Produkt stammt aus nachhaltig
bewirtschafteten Wäldern und kontrollierten
Quellen.
www.pefc.de
PEFC/04-32-0928